KB200120

끝까지 나를 포기하지 않으시는 하나님

일러두기

본서에 인용된 『메시지』 한국어판 저작권은 (주) 복 있는 사람의 소유로 허락을 받고 사용하였습니다.

그럼에도 불구하고 멈추지 않는 그분의 끈질긴 사랑

끝까지 나를
포기하지 않으시는
하나님

맥스 루케이도

GOD NEVER GIVES UP ON YOU

규장

우리 부부는 이 책을

트래비스와 앨리샤 이즈 부부와

그 자녀인 잭슨, 랜든, 웨스턴, 애니에게 바칩니다.

그들은 하나님과 동행하고 믿음으로 인도하며

기쁜 마음으로 예배합니다.

이들과 함께 섬기게 된 것을 영광스럽게 생각합니다.

contents

– 감사의 글 –

이 책이 나오기까지 뒤에서 수고해주신 많은 이들에게
아무리 많은 감사를 표현한다 해도 부족할 것입니다.
그들은 최고의 메시지와 책을 만드는 일에
온 열정을 바칩니다.
그들 모두에게 기꺼이 기립 박수를 보냅니다.

리즈 히니와 캐런 힐 고집 센 노새 같은 저자를 달래서 문장을 쳐내
고 문단을 깔끔하게 정리해준 편집자들.

캐럴 바틀리 지구 최고의 교열자.

데이비드 드루리 잘못된 생각을 가려내주는 신학적 안전장치.

스티브, 셰릴, 캐롤라인 그린 사랑하는 친구들이자 가장 신실한 동료들.

HCCP 출판부 마크 쉰월드, 돈 제이콥슨, 앤드루 스타더드, 마크 글
렌, 에리카 스미스, 브리아 우즈, 재닌 맥카이버, 로라 민츄.

그레그, 수전, 앤드루 리건 이 배를 띄워서 목적지까지 이끈 선장들.

던햄 그룹 시의적절하고 창의적인 제안에 감사드립니다.

데이브 트리트 기도 인도자요 그리스도를 사랑하는 자.

제이나 문싱어와 파멜라 맥클루어 단번에 여러 건물도 뛰어넘을 수 있
는 홍보 담당자들.

재니 파디야와 마가렛 메키누스 꾸준하고 믿을 만한 이들. 고맙습니다!

안드레아 루케이도 램지 **딸을 넘어서서 이제는 동료로! 잘했어, 드레!**
브렛, 제나, 로지, 맥스, 안드레아, 제프, 새라 **사랑하는 딸과 손주들.
내 마음속에는 너희가 전부란다. 영원히 사랑해.**
나의 신부 데닐린 **결혼한 지 40년이 훌쩍 넘었지만, 신부 입장을 하
던 당신 모습은 절대 잊지 못할 겁니다. 그날 본 당신의 미소가 내
마음을 영원히 사로잡았습니다.**
독자 여러분 **저를 믿고 시간을 내주셨으니 그 신뢰를 저버리지 않도
록 최선을 다하겠습니다. 여러분을 축복합니다.**

그리고 거룩하신 아버지 하나님,
가장 큰 감사를 당신께 드립니다.
야곱처럼 저도 변덕이 심하고 잘 잊곤 합니다.
하지만 하늘 은혜의 강한 손이
야곱을 보호하셨던 것처럼 저도 보호하십니다.
그래서 저는 영원히 감사합니다.

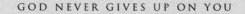

GOD NEVER GIVES UP ON YOU

비뚤어진
후광
클럽

위대한 성인이라면 이 책이 필요 없다. 당신의 머리 뒤로 빛나는 후광이 절대 찌그러지지 않고, 믿음이 약해지지도 않으며, 성경은 항상 펼쳐져 있고, 좁고 똑바른 길에서 결코 벗어나는 법이 없다면, 내가 당신의 시간을 좀 절약해주겠다. 당신은 이 이야기에 공감하지 못할 것이다.

당신은 도덕적으로 흠잡을 데 없는 사람인가? "사람들은 왜 자신의 믿음에 의문을 품을까?"라는 질문이 신앙과 관련된 당신의 유일한 질문인가? 당신의 마음이 오롯이 천국에만 고정되어 있어서 '진주문닷컴'(Pearlygate.com)을 이메일 주소로 사용하고 있는가? "하늘에 계신 우리 아버지"로 하루를 시작해서 "아멘"으로 하루를 마감하고 기도가 끊어지지 않는가?

그렇다면 축하한다! 당신에게 진심으로 경의를 표하며 기립 박수를 보낸다. 솔직히 말하자면, 이 책은 당신과 같은 부류의 사람을 염두에 두고 쓴 것이 아니다.

이 책은 '비뚤어진 후광 클럽'(Tilted Halo Society) 회원들을 위한 책이다. 우리 가운데서 고군분투하고 더듬거리며 찾아다니는 사람들, 성자인 동시에 악당이기도 한 사람들을 위한 책이다. 우리는 좋은 의도를 지니고 있지만 행동도 그런가? 늘 그렇지는 못하다. 성공하기도 하지만 실패하기도 한다. 그것도 동 시간대에 말이다. 우리는 자신의 실패를 잊지 못하니 실패를 일깨워줄 무언가가 굳이 필요하진 않다. 하지만 우리를 포기하지 않으시는 하나님의 집요하심에 대해선 재교육이 필요할 수 있다.

흠 많은 족장 야곱만큼 그 과정에 적당한 사람은 또 없을 것이다.

그는 분명 족장이다. 하지만 그는 성경 영웅들의 단체 사진에는 전혀 어울리지 않는 사람 같다. 아브라함과 이삭은 털이 많고, 건장한 어깨에 이목구비가 또렷하다. 미국 대통령 4인의 얼굴이 새겨진 러시모어산에 어울릴 법한 인상이다. 그 옆에 있는 야곱은 자그마한 체구에 선글라스와 선 캡을 썼다. 엉뚱한 사람이 껴 있는 형국이다.

야곱의 별명에는 '발뒤꿈치'의 히브리어 단어와 똑같은 자음이 들어 있다. 야곱은 마치 "안 돼, 이 털북숭이 형. 1등은 내 차지야"라고 말하기라도 하는 듯 쌍둥이 형의 발꿈치를 잡고 태어났다. 얼마나 큰 아이러니인가. 야곱의 인생은 더 나은 자리를 차지하려는 그의 바람대로 시작되었다. 야곱의 별명은 '속이는 자'였고, 정말로 사람들을 속였다.[1] 그는 배고픈 형을 이용했고, 죽음을 앞둔 아버지의 눈을 속였으며, 장인의 속임수에 자신도 속임수로 맞섰다.

천재였을까? 아니다. 탕자였을까? 그게 더 맞을 것이다. 야곱은 돼지를 친 적은 없지만, 진흙탕에서 하나님과(혹은 하나님 같은 존재와) 씨름했다. 두 사람은 아침이 밝을 때까지 밤새도록 서로 붙잡고 낑낑대며 몸을 더듬다가, 마침내 야곱이 그를 쓰러뜨리고 축복을 요구했다. 축복을 받았지만 대가도 따랐다. 그는 이스라엘이라는 새 이름을 받은 대신, 허벅지 관절이 어긋나고 말았다.

그는 절면서 걸었다.

왠지 익숙한 이야기인가? 당신은 당신의 과거와 미래, 고통과 문제를 놓고 하나님과 씨름했다. 당신도 야곱처럼 영적으로 절면서 걸었다. 반면, 독수리처럼 날개 치고 올라가는 이들, 달려도 곤비하지 않은 이들, 걸어도 피곤하지 않은 이들도 있다(사 40:31 참조).

하지만 당신과 나, 그리고 야곱은? 절면서 걷는다.

야곱 이야기는 저는 자들을 위한 이야기다.

어젯밤에 그중 한 사람과 대화를 나누었다. 우리는 어느 저녁 식사 자리에 함께 앉아 있었다. 남부 텍사스의 아름다운 일몰을 보면서 열 명 남짓한 사람들이 포도주를 곁들인 식사를 즐겼다. 남편들은 밖에 나가 뒷마당 데크에 자리를 잡았고, 나는 그 모임에 처음 참석했다. "루케이도 씨는 무슨 일을 하시나요?"라는 질문에 움찔했다. 모임에 성직자가 있다는 사실을 아는 순간, 활기찬 대화가 급속히 식어버리는 경우가 많았기 때문이다. (고백하자면, 비행기에서 누가 내 직업을 물었을 때, 그날 나의 기력이 어느 정도 남아 있느냐에 따라 대답이 달라진다. 대화할 힘이 남아 있으면 '작가'라고 답하고, 그렇지 않으면 '목사'라고 답한다.)

"흠, 저는 목사입니다."

정적. 그 자리에 있던 신실한 신자들은(대개 한두 명은 있다) 성경 공부에서 자신이 배운 것들을 이야기했다. 그리고 절며 걷는 사람들은(늘 여러 명 있기 마련이다) 자신이 내뱉은 상스러운 표현에 대해 사과하고, 후식을 먹은 뒤 헌금 바구니를 돌릴 거라고 농담을 했다.

수다는 계속 이어졌다. 그런데 내 오른쪽에 있던 사람이 내 귀에만 들릴 법한 목소리로 자신의 믿음 혹은 믿음 없음에 대해 이야기하기 시작했다. 그의 실제 나이가 팔십 세까지는 아니었을지 몰라도, 겉으로는 그렇게 보였다. 눈꺼풀이 반쯤 내려앉았고 어깨는 구부정했다. 그는 담배를 뻐끔뻐끔 피우면서 피노 누아 와인을 홀짝였다. 그러면서 자기 외삼촌이 목사라고 말해주었다. 자신이 앨라배마주 어느 강에서 외삼촌에게 세례를 받았다고도 했다. 하지만 그것도 칠십 년 전 이야기였다. 그 이후로 그는 그때 세례받은 그 아이를 묻었고, 꿈도 묻었다. 사업체도 두어 개 시작했다가 망했다. 그는 하나님과 씨름하고 있었다. "저는 하나님의 실패작입니다"라고 그가 말했다.

그라면 야곱과 잘 맞을 것 같았다.

야곱 이야기는 읽기 편한 이야기는 아닌데, 야곱이 문제를 너무 많이 일으켰기 때문이다. 다른 한편으로 야곱 이야기는 위안이 되기도 하는데, 우리도 자주 문제를 일으키기 때문이다.

'하나님이 야곱 같은 사람을 사랑하셔서 사용하셨다면, 우리에게도 그렇게 하실 수 있지 않을까?'

야곱은 147년을 살았다(창 47:28 참조). 그러나 창세기 25장부터 35장까지 열한 장에 걸쳐 나오는 야곱의 핵심 이야기는 77세에서 97세까지, 20년만을 다룬다.[2] 그 20년을 제외하면 우리는 야곱의 삶에 대해 아는 게 별로 없다. 그러나 그 20년의 이야기는 충분히 생각해볼 가치가 있다.

배경은 예수님이 태어나시기 2천여 년 전, 남부 이스라엘이다. 등장인물은 장막에 살면서 양을 치는 베두인들이다. 주변 땅은 광활하고 험준하다. 이들의 이야기는 야곱의 할아버지부터 시작하는 다양한 층위의 모자이크다.

아브라함은 가축과 금은이 많은 부자였다. 그는 믿음의 부자이기도 해서, 새로운 나라를 이룰 새 땅을 찾아 자기 고향을 떠났다(창 12:1-5 참조).

그는 새로운 나라는 믿으면서도 새로 태어날 아기는 믿지

못했다. 하나님이 아브라함과 그의 아내 사라에게 이제 유아
차를 사고 아기방을 꾸밀 때라고 말씀하셨을 때, 두 사람은
웃음을 터뜨렸다. 아브라함은 백 세를 바라보고 있었고 사라
는 아흔에 가까운 나이였다. 앙상한 무릎에 아이를 앉히고 어
른다는 생각만으로도 실소가 터져 나왔다(창 18:1-15 참조). 사
라는 부모와 자녀가 똑같이 잇몸밖에 없을 거라며 우스갯소
리를 했고 아브라함도 맞장구를 쳤다.

"다 같이 기저귀를 차겠지!"

그는 박장대소하면서 앞으로 쓰러졌고 사라는 너무 웃느
라 배가 아플 지경이었다.

그런데 아이가 태어났다. 두 사람은 아이에게 '빙그레'라는
이름을 지어주었다. 물론 정확히 그 이름은 아니었지만, 이삭
이 '웃음'[3]이라는 뜻이니 그렇게 지은 것이나 다름없다. 그 이
름은 기적에 관해서라면 마지막에 웃는 이가 하나님이시라는
증거였다.

나중에 아브라함은 빙그레에게 아내를 찾아주기로 했다.
아브라함은 종을 고향에 보내 "내 아들 이삭의 신붓감을 구
하여라"(창 24:4, 현대인의 성경)라고 했다. 종은 일이 순조로이
풀리게 해달라고 하나님께 기도했다. 그리고 "아멘"이라는 말
을 채 마치기도 전에, 이삭의 아내가 될 리브가가 눈앞에 나타
났다. 종은 리브가의 아버지에게 축복을 구하고 그의 오라버

니에게 허락을 구했다. 오라비의 이름은 라반이었다. 이 이름을 기억해두라. 얼마 뒤에 그가 아버지 이삭과 형 에서를 속인 야곱을 속이게 될 것이다. 야곱 이야기는 서로 속고 속이는 이야기다.

라반은 종에게 리브가를 주었다.

종은 이삭에게 리브가를 인도했다.

이삭은 리브가에게 마음을 주었다.

리브가는 이삭에게 쌍둥이 형제 야곱과 에서를 낳아주었다.

둘 사이에는 처음부터 팽팽한 긴장이 감돌았다. 리브가의 태 속은 격투기 경기장을 방불케 했다.

"그 아들들이 그의 태 속에서 서로 싸우는지라"(창 25:22).

히브리어 원문은 "그 아들들이 그의 태 속에서 서로 부딪혀 댔다"라는 뜻이다. [4] 아이들이 서로 다투기 시작하자 리브가는 하나님께 어떻게 해야 하는지 여쭈었다. 하나님은 이런 답을 주셨다.

두 국민이 네 태중에 있구나

두 민족이 네 복중에서부터 나누이리라

이 족속이 저 족속보다 강하겠고

큰 자가 어린 자를 섬기리라 창 25:23

고대 부족 사회에서는 장손이 동생들보다 우월한 지위를 물려받았다. 하지만 하나님의 계획은 야곱이 에서를 이기는 것이었다.

"큰 자가 어린 자를 섬기리라."

하나님 말씀이 아니었다면, 리브가는 그런 일은 상상하지도 못했을 것이다.

> 그 해산 기한이 찬즉 태에 쌍둥이가 있었는데
> 먼저 나온 자는 붉고 전신이 털옷 같아서 이름을 에서라 하였고
> 후에 나온 아우는 손으로 에서의 발꿈치를 잡았으므로
> 그 이름을 야곱이라 하였으며 창 25:24-26

에서는 대장 같은 외모로 자랐다. 남자다웠으며, 붉고 털이 많았다. 털이 얼마나 많았는지 이름을 '털북숭이', 모국어로는 '시소'와 운이 맞는 '에서'라고 지었다. 기복이 심한 인생을 겪게 될 그에게 참으로 적당한 이름이 아닐 수 없다.

에서는 사냥꾼이었다. 옷장에는 사냥복이 가득했고, 그가 모는 사륜구동 트럭에는 총걸이와 머드 타이어를 갖추어 놓았고 "낚시가 좋아"란 범퍼 스티커를 붙였다. 에서는 사슴을 뒤쫓거나 메추라기 떼를 휘젓고 다닐 때만큼 기분 좋을 때가 없었다. 사슴, 오리, 트럭. 그게 바로 에서의 세계였다. 빙그레

는 에서를 사랑했다.

리브가는 야곱을 사랑했다. 야곱은 상남자보다는 도시남, 근육질보다는 책벌레였다. 야외 활동보다는 집안일을, 야생에서 보내는 주말보다는 도서관에서 보내는 토요일을 좋아했다. 그러니까 야곱은 (조금 있으면 성경에도 나오니까 일단 말하겠다) 마마보이였다.

"야곱은 조용한 사람이었으므로 장막에 거주하니 이삭은 에서가 사냥한 고기를 좋아하므로 그를 사랑하고 리브가는 야곱을 사랑하였더라"(창 25:27-28).

참으로 대단한 가족이 아닌가. 엄마 배 속에서부터 싸운 형제, 편애하는 부모. 에서와 그의 힘, 야곱과 그의 두뇌. 역기능과 역기능의 만남. 심리 치료사가 이 가족을 상담했다면 자녀의 대학 학자금쯤은 해결하고도 남았을 것이다.

그렇더라도, 앞서 언급한 '장자의 특권'이 아니었다면 이 쌍둥이는 그럭저럭 잘 살았을지도 모른다. 장자권은 재정적인 혜택, 가문에서의 우월한 위치, 두 배의 상속, 그에 따른 모든 특전을 약속했다. 하지만 가장 중요한 것은 따로 있었다. 이삭의 장자가 하나님이 아브라함과 맺으신 언약, 곧 하나님이 아브라함의 후손 예수 그리스도를 통해 세상에 복 주시겠다는 언약을 차지하게 될 것이었다(창 12:3; 행 3:24-26 참조).[5]

그렇다면 논리적으로 가정해봤을 때, 야곱은 이후로 특별한 사람이 되었을 것이다. 거룩함의 분야에서 명예의 전당에 이름이 오른 사람으로 말이다. 그러면 가난한 사람들을 사랑해야 하지 않을까? 아픈 자들을 위로하고 마음이 어려운 자들을 상담해주는 사람, 잠언을 기록하고 시편 두어 편은 쓰는 사람, 무지갯빛 후광을 등에 업고 태어난 사람. 누구라도 그렇게 생각할 것이다.

하지만 야곱은 이 중 어느 것에도 해당하지 않았다. 그에게도 성공의 순간은 있겠지만 얼마 되지 않는다. 그가 우리에게 영감을 주기도 하겠지만 우리를 당황하게 만드는 일이 훨씬 더 많다. 그의 이력서는 주일학교 교육과정보다는 낮술 동호회에 더 적절하다. 그는 자매인 두 여성을 아내로 삼았지만 그중 한 사람만 사랑했고, 아내들이 티격태격 싸우는 동안 수동적인 태도로 일관했다. 아들들이 한 마을에 쳐들어가 부족 전체를 살육했을 때도 수수방관했다. 큰아들은 야곱의 몸종과 부적절한 관계를 맺었고, 다른 아들들이 담합하여 그가 가장 사랑하는 아들을 노예로 팔아버려서 그 아들은 이십 년간 도망자 신세로 살기도 했다. 야곱은 뼛속까지 사기꾼이었다. 이 사내는 평생 가르치거나 예언한 적이 없었고, 후대에 남길 가치 있는 말을 한 적도 없었다. 연휴에 볼 만한 가족 영화의 주인공을 찾고 있다면 야곱은 적임자가 아니다.

반대로, 당신이 하나님의 끈질긴 헌신을 보고 싶다면…

하나님이 악당과 그의 부끄러운 행실을

얼마나 오래 참아주시는지 알고 싶다면…

엉망진창인 사람, 실수한 사람, 자기 꾀에 능한 사람,

자기 뜻과 하나님 뜻 둘 중 하나를 선택하려고

동전을 던진 기회주의자에게도

하나님의 계획이 개입할 여지가 있는지 궁금하다면…

끝없고 단호하며 변함없이 신실하신

하나님의 이야기에서 유익을 얻고자 한다면…

하나님이 비뚤어진 후광을 지닌 사람도

사용하실 수 있는지가 궁금하다면…

그렇다면 야곱 이야기는 바로 당신을 위한 이야기다.

하나님이 그의 백성에게 자신을 드러내기 원하실 때 '아브라함과 이삭과 야곱의 하나님'이라고 분명히 말씀하셨다.[6] 아브라함과 이삭의 하나님만이 아니라, 야곱의 하나님이시기도 하다.

하나님은 야곱의 야곱 됨에도 불구하고 그를 사용하셨다.

그런 헌신을 무엇이라고 하는지 아는가? '은혜'다! 은혜가 야곱을 뒤쫓았다. 은혜가 광야에서 야곱을 찾아냈다. 은혜가 이국땅에 사는 야곱을 보호했다. 은혜가 얍복에서 야곱과 씨름하

고 그를 축복했다. 은혜가 그를 고향 가나안으로 인도했다.

야곱 이야기는 예상치 못한, 요청하지 않은, 과분한 하나님의 자비를 보여주는 증거다.

당신은 그런 은혜를 아는가?

은혜는 대원수(大元帥) 하나님이시다. 한때 잘나갔던 사람들과 아무것도 이루지 못한 사람들의 행렬을 사회 복귀 시설과 감옥에서부터 그분의 궁전으로 이끄시는 분이다.

하나님의 은혜는 주일에만 나타나지 않는다. 은혜는 매 시각 매초 유효하다.

하나님의 은혜는 당신의 사람 됨에 달려 있지 않다. 하나님의 은혜는 그분의 선하심에 달려 있다.

하나님의 은혜는 행운을 가져다준다는 십자가 목걸이가 아니다. 하나님의 은혜는 당신 마음속 호랑이처럼 강력한 힘이 있다.

하나님의 은혜는
옛날옛적에
딱 한 번만 일어나지 않았다.
하나님의 은혜는
오늘
바로 지금… 하나님께 기도하는

누구에게나 일어난다.

그 은혜는 결코 끊어지지 않는다.

하나님은 바로 그런 분, "야곱의 하나님"이시다. 우리 하나님은 목숨을 걸고 매달리면서도 간신히 버틸 때가 많은, 씨름하고 상처 입은 사람들의 하나님이시다.

당신이 탁월한 성경 영웅을 찾고 있다면 다니엘이나 요셉을 추천한다. 홍해를 가르거나 하늘에서 불이 내려오는 기적을 원한다면 모세나 엘리야가 취향에 맞을 것이다.

하지만 세월이 흐르면서 여기저기 금이 간 사람이라면, 깡충깡충 뛰다가 절며 걷게 된 사람이라면, 자신이 하나님의 실패작은 아닌지 진지하게 궁금한 사람이라면, 이 이야기는 바로 당신을 위한 이야기다.

얼간이
신세가 된
왕자

이 예화를 이해하려면 핸드폰이 없던 시절을 떠올려야 한다. 그렇다, 그런 때가 있었다. 노아 시대만큼 멀지는 않고 오늘 신문의 머리기사만큼 가깝지는 않은 과거에 '유선전화 시대'로 알려진 시기가 있었다.

엠지(MZ) 세대는 믿기 힘들겠지만 전화를 휴대할 수 없던 시절이 있었다. 그 당시 전화는 주머니나 가방에 담을 수 없었다. 무선전화도, 스마트폰도 아니었다. 전화는 전선과 연결되어 있고, 전선은 콘센트에, 콘센트는 전화선에 연결되어 있었다.

정말이다. 우리는 눈앞이 보이지 않을 정도로 폭설이 내리는 날에 길을 안내해줄 GPS나 재미난 앱도 없이 걸어서 학교에 갔다. 호랑이 담배 피우던 시절 이야기다.

그해는 1973년으로, 닉슨이 대통령이었고 워터게이트 사건이 터졌던 때다. 나는 대학 기숙사에 살고 있었는데, 그곳은 온갖 실질적인 이유로 바깥 세계와는 단절되어 있었다. 기숙사 방에서는 시내로만 전화할 수 있었고, 다른 도시에 전화하려면 공중전화를 이용해야 했다.

여섯 시간 거리의 다른 대학 새내기에게 반하지만 않았어도 전화 따위는 큰 문제가 아니었을 것이다. 그 친구와 통화하려면 공중전화를 이용해야 했다. 독자들이 "말도 안 돼"라는 표정을 짓고 있을 것 같다. 아마도 당신의 눈은 동전 크기만큼 커졌을 텐데, 그때 내게 필요했던 것이 바로 동전이었다. 그것도 아주 많이!

내게 돈은 거의 없었지만 좋은 생각이 있었다. 그 생각이 바로 내가 이 이야기를 들려주려는 이유다.

나는 통화료를 다른 사람에게 물릴 수 있었다. 전화회사에서 그렇게 할 수 있게 허용했다. 그래서 그렇게 했다. 내가 누구에게 통화료를 물렸을 것 같은가? 부모님? 아니다. 부모님은 절대 통화료를 대신 내주실 분들이 아니었다. 여자친구? 아니다. 그 친구도 나만큼 빈털터리였다.

다름 아닌 진공청소기 가게에서 내 시외 통화료를 대신 내주었다. 전화번호부에서 우연히 발견한 번호였다. 거기 사장님을 알았냐고? 아니다. 사장님 허락을 받았냐고? 아니다. 부정직한 방법이라고 생각하지는 않았냐고?

좋은 질문이다. 사실, 그런 생각은 내 안중에 없었다. 머리에 피도 안 마른, 사랑에 눈이 먼 열여덟 살짜리 뇌는 돈을 모

을 때까지 기다릴 여유가 없었다. 지금 당장 통화를 하고 싶
었다!

게다가, 누가 알아내겠는가?

'공중전화를 사용할 텐데 어떻게 알아낸단 말인가?'

하지만 이렇게 알아내더라. 가게 주인이 전화요금을 확인
하고 전화회사에 연락한 것이다. 전화회사는 내가 건 번호를
확인한 후에 그리로 전화를 걸었고, 그들은 전화를 받은 아가
씨에게 모모 대학교 캠퍼스에서 공중전화로 전화를 걸 만한
사람을 아느냐고 물었다.

그녀는 순진하게 "네, 알아요"라고 답했다. 그녀는 내가 복
권에 당첨된 줄로만 알았을 것이다. "아이고, 그런 바보 같은
짓을…"이라는 독자들의 말이 채 끝나기도 전에, 기숙사 사감
이 내 방을 찾아왔다. 나는 학과장실로 불려가 가게 주인에게
사과문을 쓰고 전화회사에 수표를 끊었다. 그런 다음, 오십
년쯤 지나 지름길이 얼마나 어리석은지 보여주는 예화로 이
이야기를 사용하는 것이다.

나는 지름길로 갔다. 정직하고 책임감 있는 긴 언덕길 대신,
부정직하고 넓은 내리막길을 취했다.

당신도 마찬가지다. 예수님을 제외한 모든 사람, 하나님의
초록 지구를 밟고 여기서 숨을 쉰 모든 사람이 그랬다.

"모든 사람이 죄를 범하였으매[지름길로 갔으매] 하나님의 영광에 이르지 못하더니"(롬 3:23).

괄호 안의 내용은 내 해설이다. 성경에는 '죄'라는 단어만 나오지만, 죄가 바로 지름길 아닌가?

열매를 따 먹은 아담과 하와는 지름길로 가고 있었다. 하나님 아버지가 약속을 이루어주시기를 기다리지 않고 내 힘으로 문제를 해결해보면 어떨까?

그래서 열매를 잡았다.

나는 전화기를 잡았다.

당신은 어떤가?

"꼭 대답해야 하나요?"

입 밖으로 소리 내서 대답할 필요는 없다. 하지만 우리 모두가 때로는 쉽고 빠른 길을 선택했다는 데 동의하지 않는가? 기다리기 싫은 마음, 신뢰하지 않으려는 마음, 하나님의 계획을 따르기를 꺼리는 마음이 바로 그 죄의 근본이지 않은가? 우리는 종종 우리 손으로 문제를 해결한다.

야곱이 그랬다.

'시소'에서가 사냥을 마치고 집으로 돌아왔을 때, 그의 배속은 텅 비어 있었다. 마침 야곱이 냄비에서 쑤고 있던 팥죽에서 맛있는 냄새가 났다. 뭉근하게 끓고 있는 양파, 마늘, 소고기 냄새를 맡으니 에서는 군침이 절로 돌았다.

"야곱, 숟가락 좀 다오."

발꿈치를 잡았던 아이는 이때다 싶었다.

"뭘 줄 건데?"

"뭐라도 다. 배고파서 죽을 것 같다."

"아무거나 다?"

"값을 대. 내 활이랑 화살을 줄까? 새 칼은 어때? 그 칼은 손잡이가 네 발만큼 길어. 팥죽 한 그릇 주면 너한테 넘길게."

어쩌면 이쯤에 야곱은 엄마가 그에게 고개를 끄덕이는 모습을 언뜻 보았는지도 모른다. 어쩌면 이쯤에 야곱은 자기 이름을 딴 족보가 눈앞에 어른거리는 것을 보았는지도 모른다.

"장자의 권리를 줘."

"장자의 권리?"

"그래, 장자권."

에서는 팥죽을 보면서 둘을 저울질했다. 그는 잠깐 생각하고 나서 이런 말로 자신의 운명을 결정지었다.

"배고파 죽을 지경인데, 장자의 권리가 무슨 소용이 있어?"(창 25:32, 메시지)

에서는 죽지 않았을 것이다. 이 정도 소란은 그에게 아무 위협도 되지 않았다. 그는 사냥꾼이었고 어떻게든 살아남았을 것이다. 몸집이 크고 건장했으며 약해 빠진 동생에 비해 힘이 두 배는 되었다. 왼손만 가지고 야곱을 흠씬 패준 다음, 야곱이 정신을 차리기 전에 팥죽을 다 먹어 치울 수도 있었다.

그런데 에서는 "장자의 권리를 내던져버렸다"(창 25:34, 메시지). "내던져버렸다"로 번역한 동사는 부주의나 경멸을 함의한다. "무언가를 쓸데없다고 무시하다"라는 뜻이다.[1] 장자 상속의 권리는 율법으로 보호되었다. 아버지가 다른 아들에게 장자권을 줄 수 없었다(신 21:15-17 참조). 그러나 큰아들은 장자의 권리를 뺏기거나 팔 수 있었다. 지금, 에서가 그렇게 했다. 그의 생각에 장자의 권리는 눈에 보이지도 않고 저 멀리 어딘가에 있지만, 팥죽은 자기 눈앞에 있었다. 그래서 팥죽과 장자권의 맞교환에 동의했다.

"형, 이게 무슨 뜻인지 알지? 아빠가 돌아가시면 내가 형보다 두 배 더 받는 거야."

야곱이 설명했다. 에서가 목에 냅킨을 두르면서 대답했다.

"두 배. 그래, 두 배."

"내가 둘째가 아니라 첫째가 될 거야."

"알았어, 알았다고. 소금은 어딨니?"

"하나님이 아브라함 할아버지에게 주신 약속이 내 가문으로 전해질 거야."

"그래. 알겠으니, 이제 팥죽 좀 내놔!"

요점을 길게 설명할 필요는 없지만, 건장한 형은 이쑤시개처럼 허약한 쌍둥이 동생을 들고 이렇게 말할 수도 있었을 것이다.

"비켜. 이 음식은 물론이고, 모든 일에서 내가 먼저라고!"

하지만 그는 그러지 않았다. 장자의 자격을 원하지 않았고, 야곱에게 양보했다. 후에 야곱은 '이스라엘'이라고 불리게 되었고, 결국 이스라엘은 열두 부족의 아비가 되었다. 그의 아들 중 하나인 유다는 유다의 사자 예수 그리스도를 낳은 혈통의 시조가 되었다.

에서에게는 팥죽 한 그릇과 "한 그릇 음식을 위하여 장자의 명분을 판"(히 12:16) 자라는 유산이 남았다.

야곱은? 우리는 이 어린 동생을 쉽게 보내주어서는 안 된다. 하나님의 영웅이 어떻게 이런 행동을 한단 말인가? 그는 나쁜 일을 공모하고 강요했다.

리브가는 형이 동생을 섬기게 될 것을 알았다(롬 9:12 참조). 분명히 야곱에게도 그렇게 말했을 것이다. 야곱이 옆에서 쿡쿡 찔러야 하나님의 계획이 실현되었을까? 당연히, 아니다. 야곱은 하나님이 행동하실 때까지 기다릴 수도 있었을 것이다. 기다려야 했다. 그러나 리브가와 야곱은 지름길을 택했다.

창세기 27장을 보면 이삭은 죽음을 기다리고 있었다. 그가 그렇게 생각했을지는 모르지만, 사실 이삭이 죽으려면 한참이나 남아 있었다. 135세면, 아직도 살날이 45년이나 더 남았다(창 35:28 참조). [2)](창 35:28 참조)

이삭이 나이가 많아 눈이 어두워 잘 보지 못하더니
맏아들 에서를 불러 이르되 내 아들아 하매
그가 이르되 내가 여기 있나이다 하니
이삭이 이르되 내가 이제 늙어 어느 날 죽을는지 알지 못하니
그런즉 네 기구 곧 화살통과 활을 가지고 들에 가서
나를 위하여 사냥하여 내가 즐기는 별미를 만들어
내게로 가져와서 먹게 하여
내가 죽기 전에 내 마음껏 네게 축복하게 하라 **창 27:1-4**

이삭의 지시를 엿들은 리브가는 야곱을 한쪽으로 불러내어 말했다.
"지금이 기회야."
리브가는 야곱에게 서둘러 따뜻한 음식을 만들어 이삭에게 가져가라고 했다.
야곱은 "아무리 백내장에 걸린 노인이라도 형과 나를 구별할 수는 있을 거예요"라며 고개를 저었다. 리브가는 계획이 틀어지면 자신이 다 책임지겠다고 약속했다.
에서가 사냥하는 동안, 리브가와 야곱은 별미를 만들고 어

린 염소의 가죽을 잘랐다. 야곱은 그 가죽을 입고서 아버지의 장막으로 들어갔다. 이삭은 오랜 세월의 무게에 짓눌려 머리를 떨었는데, 그 얼굴에는 주름이 자글자글했다.

야곱은 목소리를 조작하여 형의 쉰 목소리를 흉내 냈다.

"나는 아버지의 맏아들 에서로소이다 아버지께서 내게 명하신 대로 내가 하였사오니 원하건대 일어나 앉아서 내가 사냥한 고기를 잡수시고 아버지 마음껏 내게 축복하소서"(창 27:19).

이삭은 모자의 계략에 손쉽게 넘어갔다.

만민이 너를 섬기고
열국이 네게 굴복하리니
네가 형제들의 주가 되고
네 어머니의 아들들이 네게 굴복하며 창 27:29

이삭은 자신도 모르는 사이에 엉뚱한 아들에게 왕관을 씌워주고 말았다.

그리고 얼마 후에 큰아들 에서가 나타났다. 그는 지시에 따라 아버지가 좋아하는 식사를 준비했다. 하지만 아버지는 이미 배를 채운 후였고 약속한 축복도 온데간데없었다. 이삭과 에서, 둘 다 어안이 벙벙했다.

이삭이 심히 크게 떨며 이르되 …

네가 오기 전에 내가 다 먹고 그를 위하여 축복하였은즉

그가 반드시 복을 받을 것이니라

에서가 그의 아버지의 말을 듣고 소리 내어 울며

아버지에게 이르되 내 아버지여 내게 축복하소서

내게도 그리하소서

이삭이 이르되 네 아우가 와서 속여 네 복을 빼앗았도다 …

에서가 아버지에게 이르되

내 아버지여 아버지가 빌 복이 이 하나뿐이리이까

내 아버지여 내게 축복하소서

내게도 그리하소서 **창 27:33-35,38**

우리가 보기에는 이 위기를 즉시 해결할 방법이 있지 않은
가? 야곱의 뒷덜미를 잡고 이삭이 있는 장막으로 데려가서 '축
복을 무르고' 다시 에서에게 복을 주는 것이다. 그러나 요즘
사람들에게는 이상하게 들리겠지만, 그렇게는 할 수 없었다.
축복에 내재한 법적 구속력이 있어서 되돌릴 수도, 취소할 수
도 없었다. 이삭은 에서에게 부수적인 유산은 줄 수 있었지만,
야곱이 이미 수표를 현금으로 바꾼 뒤였다. 3)

　나는 하나님이 이때쯤 개입하실 것이라고 기대했다. 감독이
배우의 연기가 맘에 들지 않으면 "컷! 컷!" 하고 외치듯이, 야

곱도 수정이 필요했다. 이 가족에게 인도가 필요했다. 그러나 하나님은 이 상황을 그대로 내버려두셨다.

혹시 당신이 놓쳤을지도 모르니, 다시 한번 확실히 해두자. 방금 은혜가 무대에 올랐다. 이 가족은 언제 터질지 모르는 불씨나 마찬가지다. 형제들은 서로 다투고 부모는 편애한다. 그런데도 하나님은 그들을 떠나지 않으셨다.

은혜. 하나님의 그럼에도 불구하고 하나님 되심. 우리가 약속을 어겨도 하나님은 용서하신다. 우리가 헌신을 잊어도 하나님은 나타나신다. 우리가 그분을 등져도 하나님은 우리를 향하신다.

우리가 제멋대로 한 행동에 아무런 결과가 따르지 않는다는 말은 아니다. 쌍둥이 형제의 관계는 태풍을 맞은 야외 의자처럼 산산조각이 났다.

"에서가 야곱을 미워하여 심중에 이르기를 … 내가 내 아우 야곱을 죽이리라"(창 27:41).

리브가는 동생에게 속은 형이 맹세하는 내용을 듣고는 야곱에게 도망칠 수 있을 때 도망치라고 경고해주었고, 야곱은 줄행랑을 쳤다. 리브가와 야곱은 원하는 것을 손에 넣었지만, 얼마나 큰 대가를 치러야 했는가!

야곱은 축복을 훔쳤지만…

- 가정이 깨져버렸다.
- 돌아갈 집이 사라져버렸다.
- 목숨을 부지하려고 도망쳐야 했다.
- 쌍둥이 형이 그를 죽이려 했다.
- 아버지의 믿음을 배신했다.
- 우리가 아는 한, 다시는 어머니를 보지 못했다.

그는 장자의 권리를 통해 얻을 수 있었던 모든 부귀영화를 박탈당했다. 가축도, 재산도, 아무것도 없었다. 그의 삶은 비극뿐이었다. 그가 등장하는 다음 장면에서, 그는 돌을 베개 삼고 있을 것이다. 야곱은 하루 만에 왕자에서 얼간이 신세로 전락했다.

이게 다 그가 지름길을 택했기 때문이다.

기다리지 못했기 때문이다.

우리는 어떤가? 우리는 살면서 어떤 지름길로 가고 있는가? 하나님은 우리에게 필요한 모든 것을 주신다고 약속하셨다. 우리가 부탁하기만 하면, 기쁨과 소망, 생명과 사랑이 넘치는 에덴동산이 우리의 것이다. 우리가 할 일은 하나님을 기다리는 것뿐이다. 그런데 그분은 너무 느리신 것 같다! 하나님의 타이밍은 우리와 맞지 않는다.

그래서 우리는 절차를 무시한다. 상대가 꼭 진공청소기 가게 사장은 아니더라도, 시험 볼 때나 세금을 낼 때 부정을 저지른다. 사람들을 속인다. 염소 가죽과 고기 음식은 아니더라도, 거짓말과 과장과 허위 진술로 속인다. 아첨하고 사실을 부풀리고 유명인의 이름을 들먹이고 시스템을 악용한다.

"하나님은 내가 이 직업을 얻기 원하서. 그러니 이력서를 조금 부풀려도 괜찮아."

"하나님은 내가 행복하기를 원하서. 그러니 아내가 아닌 다른 여자의 품에서 행복을 찾아도 괜찮아."

"하나님이 정직을 원하신다는 건 알아. 하지만 이번 일은 내가 진실을 말하면 문제가 생겨. 약간의 거짓말은 아무 해도 없을 거야."

우리는 좋은 의도라는 이유로 얼마나 많은 지름길을 정당화했는가?

2019년 대학 입시 비리로 형을 선고받은 배우 로리 로우린(Lori Loughlin)은 법정에서 이렇게 진술했다.

"너무나도 잘못된 결정이었습니다. 저는 대학 입학 과정에서 우리 딸들에게 불공정한 이점을 주는 계획에 동조했습니다. 그 과정에서 제 직감을 무시하고 윤리적 나침반에서 벗어났습니다.

아이들을 사랑해서 그렇게 했다고 생각했지만, 실상은 딸들의 능력과 성취를 훼손하고 깎아내렸을 뿐입니다."4)

올바른 이유로 선택한 지름길이라고 해도, 잘못된 지름길은 늘 누군가에게 고통을 안겨준다. 그것은 덫으로 뒤엉킨 미로와 같다.

하나님께 지름길이란 없다. 단 하나도. 하나님의 액셀에 당신 발은 필요 없다. 하나님의 계획에 우리 도움은 필요 없다. 하나님이 야곱을 축복하기 원하셨다면, 야곱은 틀림없이 그복을 받았을 것이다. 리브가가 일을 꾸밀 필요가 없었다. 야곱이 그들을 속일 필요도 없었다. 하나님이 야곱에게 그 역할을 맡기기 원하셨다면, 이미 끝난 일이나 마찬가지였다.

리브가와 야곱이 할 일은 단 하나, 여호와를 기다리는 것밖에 없었는데, 그들에게는 그것이 너무나 힘든 일이었다.

당신은 어떤가?

당신은 무엇을 찾고 있는가? 무엇을 원하고 있는가?

배우자? 여호와를 기다리라.

새 일자리? 여호와를 기다리라.

남편이 집에 돌아오기를 기다리는가? 행운이 찾아오기를 기다리는가? 경력이 쌓이고 사업이 번창하기를 원하는가? 그렇다면 당신이 알아야 할 게 있다. 하나님의 타이밍은 언제나 옳다. 하나님의 계획은 언제나 최선이다. 그분의 계획에 속임수나 조작이 들어설 자리는 없다. 그분의 전략은 사람들을 망가뜨리거나 타협을 요구하지 않는다. 하나님은 사람들을 못살게 굴거나 사람들과 싸우거나 사람들을 업신여기거나 사람들에게 상처 주지 않으신다. 그렇게 하고 있다면 당신은 하나님의 뜻을 벗어난 것이다. 하나님이 너무 느린 것 같다고 생각할 수 있지만 절대 그렇지 않다. 그분을 믿고, 기다리자.

고개를 들고 무릎을 꿇고 눈을 똑바로 뜨자. 여호와를 기다리자. 좁은 길과 오르막길을 택하자. 직장인이라면 맡은 일에 최선을 다하고, 학생이라면 시험공부를 열심히 하자.

그리고 자기 전화요금은 자기가 내자. 요금을 감당할 수 없다면 기숙사 방에서 조용히 과제를 하고 분란을 일으키지 말자.

누가 아는가. 꿈에 그리던 여자친구를 같은 캠퍼스에서 만날지. 내가 그랬다. 몇 학기 뒤에 내 인생의 사랑을 만났다. 알고 보니, 진정한 사랑은 시내 통화로 가능했다.

하늘에
닿은
사다리

당신은 깊은 절망에 빠진 적이 있다. 아니면, 앞으로 그런 순간이 있을 것이다. 눈에서 눈물이 강물처럼 흘렀던 때가 있다. 아니면, 앞으로 그럴 때가 있을 것이다. 지치고 고립된 심정으로 마른 땅을 건너기도 했다. 아니면, 앞으로 그런 여정이 기다릴 것이다.

소중히 여기는 것을 몽땅 빼앗겼다고 느낄 것이다. 주위를 돌아봐도 당신을 위로해줄 이가 하나도 없을 것이다. 힘을 내보려 해도 헛수고일 것이다. 어디에서도 그런 힘은 나오지 않을 것이기 때문이다.

하지만 바로 그 외로운 순간, 당신이 묘비 앞에 앉아 울고 있을 때, 홀로 바에 앉아 술을 마시고 있을 때, 침대에 누워 한숨을 쉬고 있을 때 하나님이 당신을 만나주실 것이다. 이전과는 전혀 다른 방식으로 그분을 느끼고 보게 될 것이다.

황량한 광야를 원망하지 말라. 우리는 거기서 하나님을 만나기 때문이다. 우리는 하나님의 임재를 발견한다. 야곱이 그랬다. 그리고 누구보다도 그가 가장 놀랐다.

그는 형과 늙은 아버지를 한꺼번에 속였다. 쌍둥이 형제의 엄마 리브가는 에서의 분노를 감지하고 야곱에게 달려가 경고했다.

"네 형의 그 눈빛 알지. 짐도 싸지 말고 겉옷도 챙기지 말고 얼른 도망쳐. 절대 뒤돌아보지 말고 쉬지 말고 달려."

시소가 발꿈치를 바짝 뒤쫓고 있었다. 리브가는 야곱에게 외삼촌 라반의 땅으로 서둘러 달아나서 에서가 잠잠해질 때까지 거기 숨어 있으라고 했다.

야곱은 그대로 따랐다. 물 담는 가죽 부대와 무화과와 과일을 넣은 가방만 챙겨서 마지막으로 어머니 얼굴을 한 번 보고 낙타에 올랐다. 브엘세바를 출발하여 메소포타미아(지금의 튀르키예)로 향했다. 900킬로미터 거리였다. 1)

삶이 끝없이 추락하고 있었다. 야곱은 눈물을 흘리는 어머니와 부글부글 끓는 형, 몹시 화가 났을 아버지를 남겨두고 떠나왔다. 가축 떼도, 종들도 없었다. 그를 지켜줄 경비병도, 식사를 준비해줄 요리사도 없었다. 친구도, 자산도 없었다.

아무것도.

야곱 가문은 '포춘'(Fortune) 선정 500대 부잣집이었다. 종들과 노예, 가축 떼가 풍부했다. 그의 할아버지는 "가축과 은과 금이 풍부"(창 13:2)했다. 아브라함과 그의 조카 롯은 얼마나 복을 많이 받았던지 "그 땅이 그들이 동거하기에 넉넉하지 못하였으니 이는 그들의 소유가 많아서 동거할 수 없었"(창 13:6)다. 아브라함은 아들에게 이런 풍족함을 물려주었다.

"그 사람[이삭]이 창대하고 왕성하여 마침내 거부가 되어 양과 소가 떼를 이루고 종이 심히 많으므로"(창 26:13-14).

야곱은 부호의 손자였다. 귀족의 아들이었다. 야곱이 요즘 사람이었다면 대저택에서 하인들의 보살핌을 받고 최고의 교육을 받으며 자랐을 것이다. 부족한 게 없는 삶이다. 그런데 한순간에 모든 것을 다 잃었다. 갑작스레 혈혈단신으로 목숨을 건지기 위해 도망쳐야 했다.

첫 이틀 동안 그는 브엘세바에서 벧엘까지 70킬로미터를 이동했다. 예루살렘에서 18킬로미터 정도 북쪽에 있는 벧엘은 아무것도 없는 황무지였다.[2] 그가 걸은 땅은 누렇게 말라 돌덩이만 가득했다. 버려진 땅처럼 황량했다.

둘째 날 저녁, 루스라는 마을에 해가 내려앉자 그는 하룻밤 묵으려고 발걸음을 멈추었다. 주민들이 위험한 사람들일지도 몰랐기에 성읍으로 들어가지는 않았다. 야곱은 불안했던 것 같다. 야곱이 루스에 머문 이유는 나와 있지 않다. 성경은 이렇게만 기록한다.

"한 곳에 이르러는 해가 진지라 거기서 유숙하려고 그곳의 한 돌을 가져다가 베개로 삼고 거기 누워 자더니"(창 28:11).

머리를 누일 침낭도 없었던 그는 청동기 시대 탕자였다고 할 만하다. 그의 돼지우리는 광야였다. 하지만 비유 속 탕자는 야곱은 하지 않은 행동을 했다.

"이에 스스로 돌이켜 이르되"(눅 15:17).

탕자는 정신을 차렸다. 자신이 치던 돼지들을 보면서 자신의 삶을 돌아보고 마음을 먹었다.

"내가 일어나 아버지께 가서"(눅 15:18).

하지만 야곱은 그런 결단력을 보이지 않았다. 아무 다짐도 하지 않고 죄를 회개하지도 않으며 후회하는 기색도 없었다. 요나처럼 기도하지도 않았고 베드로처럼 울지도 않았다. 오히려 야곱이 회개하지 않았다는 사실이 다음 장면을 성경에서 가장 위대한 은혜의 이야기로 만들어준다.

햇빛이 황금색으로 변하기 시작했고, 태양이 반쯤 감은 눈처럼 내려앉았다. 주황색이 흑단 같은 어둠에 자리를 내주면서 별들이 반짝이기 시작했다. 깜빡 잠이 든 야곱은 희한한 꿈을 꾸었다.

꿈에 본즉 사닥다리가 땅 위에 서 있는데

그 꼭대기가 하늘에 닿았고

또 본즉 하나님의 사자들이 그 위에서 오르락내리락하고

또 본즉 여호와께서 그 위에 서서 **창 28:12-13**

야곱이 침대 삼은 황량한 땅과 가장 높고 거룩한 하늘 사이에 사닥다리가 걸쳐 있고, 그 계단에는 하나님의 사자인 천사들이 오르락내리락하고 있었다. 천사들은 빛이 쏟아지는 것처럼 앞뒤로 위아래로 분주하게 움직이고 있었다. 야곱의 반응을 표현한 히브리어 원문은 손을 들고 입을 벌린 행동을 암시한다. 직역하면 아마도 이런 내용일 것이다.

"저기, 사다리가 있다! 오, 천사들! 봐라, 여호와시다!"(16절 참조).[3]

잠에서 깬 야곱은 자신이 혼자가 아님을 깨달았다. 그는 그간 자신이 혼자라고 느꼈고 스스로 혼자라고 생각했다. 혼자인 것만 같았다. 하지만 그는 위엄 있는 천국 시민들에 둘러싸여 있었다.

우리도 그렇다.

수많은 강력한 영적 존재가 이 땅에서 우리 주변에 있다. 8만이 넘는 천사가 그리스도를 돕기 위해 준비하고 있었다.[4] 성경은 "축하 행사에 모인 수많은 천사들"(히 12:22, 새번역)을 언급한다. 천국을 언뜻 본 사도 요한은 천사의 수가 "만만이요 천천"(계 5:11)이라고 했다. 이 말씀을 셈할 수 있는가? 나는 못할 것 같다. 천국에 있는 천사의 수는 밤하늘의 별과 같다. 너무 많아서 셀 수 없다!

천사들은 무슨 일을 하는가?

"모든 천사들은 섬기는 영으로서 구원받을 상속자들을 위하여 섬기라고 보내심이 아니냐"(히 1:14).

비행기를 탈 때마다, 교실에 들어갈 때마다 하나님의 강력한 종들이 당신을 둘러싼 채 앞서가고 있다.

"그가 너를 위하여 그의 천사들을 명령하사 네 모든 길에서 너를 지키게 하심이라"(시 91:11).

쉴라 월시(Sheila Walsh)는 이 약속의 말씀을 직접 체험했다. 그녀는 서른넷에 정신병원에 입원한 적이 있었다. 겉으로 봐서는 그 누구도 걱정할 만한 이유를 찾지 못했을 것이다. 하루 전까지만 해도 그녀는 유명한 텔레비전 방송을 진행했다. 하지만 그녀의 내면에서는 폭풍우가 치고 있었다.

나중에 쉴라는 우울증과 외상 후 스트레스 장애 진단을 받았다. 하지만 첫날밤에는 아무 이상 증세를 찾아볼 수 없었다. 병원 직원은 그녀를 자살 감시 대상자에 올렸다. 쉴라가 외로움을 느낄 이유는 충분했지만, 그녀는 외롭지 않았다.

둘째 날 새벽, 쉴라는 다른 사람이 병실에 들어온 것을 알아차렸다. 그녀는 무릎에 머리를 묻은 채 몇 시간째 앉아 있었다. 인기척을 느낀 그녀가 고개를 들었다. 자살 감시 차원에서 사람을 보낸 것이라고 생각했다. 하지만 뭔가 달랐다. 그 사람은 건장한 체격에 부드러운 눈빛을 지니고 있었다. 그 사람이 누구인지 알아내려고 머리를 굴리고 있는데, 그 사내가 쉴라의 손에 무언가를 쥐여주었다. 양 모양의 작은 봉제 인형이었다. 그가 말했다.

"쉴라, 목자께서는 당신이 어디 있는지 다 아세요."

그러고 나서 쉴라의 손님은 사라졌다. 하나님이 그녀에게 천사를 보내셨던 것이다.

그날 아침 여섯 시쯤, 쉴라는 간호조무사가 병실에 들어오는 소리에 잠에서 깼다. 바닥에서 잠이 들었던 모양이다. 간이침대 발치에 그 사내가 몇 시간 전에 건넸던 양 인형이 있었다. 5)

야곱은 양을 받지는 않았지만, 하늘의 위로를 받았다. 그가 본 환상의 메시지는 분명했다. 우리가 가장 낮은 곳에 있을 때 하나님은 가장 높은 곳에서 우리를 지켜보고 계신다. 하나님과 우리 사이에는 은혜의 통로가 펼쳐져 있고, 메신저들이 그 통로를 통해 그분의 뜻을 전달한다.

이 천사들이 우리 기도를 하나님 앞에 전달한다. 사도 요한은 환상에서 "또 다른 천사가 금향로를 들고 와서 제단 앞에 [선]" 것을 보았다.

"그는 엄청난 양의 향을 받았는데, 이는 보좌 앞 금제단에 하나님의 모든 거룩한 백성의 기도를 바쳐 올리기 위한 것이었습니다(계 8:3-4, 메시지).

하나님은 우리 간구를 들으시고 천둥으로 응답하신다!

"그 후에 그 천사는 향로를 제단에서 나오는 불로 가득 채워 땅으로 내던졌습니다. 그러자 천둥과 음성과 번개와 지진이 일어났습니다"(계 8:5, 메시지).

우리 기도가 천국의 행동에 미치는 영향은 마치 온도조절기 같다.

어머니들이 자녀를 위해 기도할 때…
남편들이 결혼 생활을 치유해달라고 간구할 때…
아이들이 잠자리에 들기 전에 무릎을 꿇을 때…
시민들이 나라를 위해 기도할 때…
목회자들이 교인들을 위해 기도할 때…
당신이 기도할 때 천사들이 하늘로 올라가고 능력이 쏟아져 내린다!

야곱은 하늘에서 벌어지는 일을 보았다. 이 책을 읽는 당신은 하나님이 장막을 걷어 야곱 주변에 있는 천사들을 보여주신 이유가 궁금할지도 모르겠다. 야곱은 하나님을 찾은 적이 없지 않은가. 그러나 야곱이 본 내용은 야곱이 들은 내용과는 비교할 수도 없다. 우리는 거룩한 꾸짖음과 교훈을 기대했을 것이다. 하지만 하나님은 야곱에게 전혀 다른 말씀을 주셨다.

하나님은 야곱에게 그와 그의 후손을 온 땅을 다 덮을 정도의 큰 민족으로 만들겠다고 말씀하셨다. 야곱의 속임수와 지름길에도 불구하고, 하나님은 아브라함과 이삭에게 주셨던 축복을 반복해서 약속하셨다.

"내가 너와 함께 있어 네가 어디로 가든지 너를 지키며 너를 이끌어 이 땅으로 돌아오게 할지라 … 너를 떠나지 아니하리라"(창 28:15).

하나님은 이 도망자를 포기하지 않으셨다. 이 사기꾼을 버리지 않으셨다. 그분은 전력을 다해 야곱을 평생토록 돌보실 것이다.

도무지 그 이유를 모르겠다. 야곱이 하나님의 복을 받을 만한 일을 한 적이 있었던가? 그럴 리가 없다. 지금까지 야곱이 한 일들은 하나같이 형편없었다. 그는 체질하듯이 신실함을 흘리고 다녔다. 속임수로 형을 쥐락펴락했다. 도박판 타짜처럼 시스템을 악용했다. 지금까지 야곱이 기도했다거나 믿음이 있다거나 하나님을 열심히 찾았다는 말은 단 한마디도 없었다.

그런데도 하나님은 이 자격 없는 도망자에게 예상치 못한 자비를 나이아가라 폭포처럼 흠뻑 부어주셨다.

하나님은 그분을 등진 야곱에게 등을 돌리시지 않았다. 그분은 신실하셨고, 지금도 신실하시다.

"우리는 신실하지 못하더라도, 그분은 언제나 신실하십니다"(딤후 2:13, 새번역).

내 친구 윌리엄에게 한번 물어보라. 그는 모든 것을 다 가진 사람이었다. 훌륭한 부모에게서 적극적인 지원을 받으며 자랐고, 일류 대학교 골프팀에서 뛰었다. 엠비에이(MBA) 과정을 조기 졸업할 정도로 수재였다.

하지만 지나친 음주가 문제였다. 약물에까지 손을 대는 바람에 팀의 규율을 어겼다. 장학금이 날아갈 위기에 처했고 미래가 불투명했다. 윌리엄은 실의에 빠졌다. 모든 걸 다 잃을 위기에 처했을 때 하나님이 그에게 말씀하셨다. (윌리엄은 이 대목에서 잠시 이야기를 끊었다. "맥스, 내가 그렇게 허술하진 않아. 이래 봬도 장로교인으로 자랐거든. 장로교에서 은사주의라고 하면 무릎에서 손가락 하나 떼는 정도야.")

하나님은 야곱에게 말씀하셨던 것처럼 아주 생생하게 그에게 말씀하셨다. 윌리엄은 숲속에 난 흙길에 홀로 있을 때 예수님을 보았다. 그분이 말씀하셨다.

"네가 나에 대해 들은 모든 말이 사실이란다. 나는 여기 있고, 너를 사랑해. 이제 집으로 돌아올 때가 되었구나."

윌리엄은 말씀대로 따랐다. 어울리는 친구들을 바꾸고 영적 멘토를 찾았다. 나중에는 경영학에서 신학으로 전공도 바꾸었다. 그는 수십 년간 목회자로 섬기다가, 지금은 전 세계 교회와 비영리단체를 섬기는 직업소개소를 경영하고 있다.

하나님은 야곱에게 하신 일을 윌리엄에게도 하셨다. 그를 찾고 부르셨다.

하나님은 매튜에게도 그렇게 하셨는데, 허락을 받고 가명을 사용하여 그의 사연을 여기에 나누려고 한다. 그는 음란물 때문에 곤란을 겪었는데, 가족이 당황하는 것을 원치 않는다.

그러나 하나님의 선하심을 널리 알리고 싶은 마음은 간절하다. 인터넷, 잡지, 성인용품 가게 등의 음란물이 그의 발목을 잡았다. 매튜는 중력과도 같은 그 유혹을 떨쳐내지 못했다.

그에게도 야곱의 사다리 같은 순간이 찾아왔다. 싸구려 스트립클럽에서 오후 나절을 보낸 후 번잡한 도시 거리를 걸어 내려오고 있을 때였다. 또다시 실패했다는 후회가 먹잇감을 덮친 그물처럼 그를 덮쳤다. 그는 중얼거렸다.

"주님, 저는 또 한 번 은혜를 받을 자격이 없는 놈입니다."

그때 하나님이 그의 머릿속에서 말씀하셨다.

"아니란다, 애야. 그래서 그것을 은혜라고 하는 거야. 내 아들아, 너는 용서받았다. 네가 처음 용서를 구했을 때 나는 너를 용서했지. 그리고 마지막까지 널 계속 용서할 거야."

그 순간 매튜는 "하나님의 인자하심이 너를 인도하여 회개하게 하심"(롬 2:4)이라는 성경 말씀을 이해하게 되었다고 했다. 그리고 그는 새 출발을 경험했다.

은혜가 그렇다. 은혜는 끈질기게 좇고, 나타나서 크게 말한다. 우리 꿈속에서. 절망 가운데서. 죄책감 속에서. 은혜는 이렇게 말씀하며 분주하게 움직이시는 하나님이다.

"내가 너와 함께 있어 네가 어디로 가든지 너를 지키며 … 내가 네게 허락한 것을 다 이루기까지 너를 떠나지 아니하리라"(창 28:15).

놀랍지 않은가? 야곱은 분명히 그렇게 느꼈을 것이다.

"야곱이 잠이 깨어 이르되 여호와께서 과연 여기 계시거늘 내가 알지 못하였도다"(창 28:16).

얼마나 많은 사람이 그렇게 말하겠는가? 여호와께서 여기 계시는데 사람들은 알지 못한다. 그들은 우리를 만나주시는 하나님을 경험하지 못했다. 세상을 창조하신 하나님은 믿지만, 지금도 세상에서 일하시는 하나님은 모른다. 우주를 만드신 하나님은 믿지만, 날마다 세상을 바꾸고 계신 하나님은 모른다. 태초에 만물을 지으신 하나님은 믿지만, 그 만물 가운데 걷고 계신 하나님은 모른다. 그들은 무신론 그리스도인이다.

하나님의 임재를 깨닫지 못하기에 그들의 믿음은 '저는 믿음'이다.

하나님은 당신에게 말씀하셨고, 지금도 말씀하고 계신다! 그분을 바라보고 의지하라고 초대하고 계신다. 저기 그분이 계신다! 사다리 꼭대기에서 천사들을 보내 당신을 도우시고, 천사들이 전달하는 당신의 기도를 받으신다.

내 말이 믿기지 않는가? 그 초대가 브엘세바 광야의 족장에게만 국한되었다고 생각하는가? 그렇다면 요한복음을 펼쳐서 예수님이 당신과 내게 하시는 말씀을 들어보라.

"진실로 진실로 너희에게 이르노니 하늘이 열리고 하나님의 사자들이 인자 위에 오르락내리락하는 것을 보리라"(요 1:51).

하늘에 닿은 당신의 사다리는 환상이 아니다. 인격이시다. 예수님이 우리의 계단이 되신다.

예수님은 자신을 가리켜 '인자'라고 하시는데, 그분의 선재(先在)하심을 뜻하는 호칭이다. 복음서에서 이 호칭은 82회 등장하는데, 그중 81회가 예수님이 자신을 가리켜 하신 말씀이었다. [6] 예수님은 사실 이렇게 선언하고 계신 셈이다.

"천사들이 내 위에서 오르락내리락한다. 내가 바로 이 세상에 축복을 전달하는 통로다."

항상 어디에나 계시는 우리의 중재자 그리스도는 아버지와 함께 계시면서 우리 기도를 들으시는 동시에 성령님과 함께 계시면서 그 기도에 응답하신다.

"하나님은 한 분이시요 또 하나님과 사람 사이에 중보자도 한 분이시니 곧 사람이신 그리스도 예수라"(딤전 2:5).

예수님은 사다리 양쪽 끝에 다 계신다. 꼭대기에도 여호와가, 바닥에도 여호와가 계신다.

예수님은 축복을 내려주시고 기도를 올려주시는 통로이시

다. 당신과 하나님 사이의 중재자이시다. 우리는 "그분이 일하고 계시는가?"라고 질문하지 않고, "우리가 그분을 지켜보고 있는가?"라고 질문해야 한다.

야곱은 형을 피해 도망치느라 가족과 헤어졌다. 자신의 어리석음에 빠진 희생자였다. 그의 기쁨을 쪼아 먹는 독수리는 바로 자기 둥지에서 기른 독수리였다. 그는 집도 절도 없는 빈털터리 신세였다. 머리를 누일 담요 한 장 없었다. 그는 모든 것을 다 잃었다고 생각했지만, 사실은 모든 것을 다 발견한 셈이었다. 그는 그를 먼저 찾아오신 하늘의 아버지를 찾았다.

야곱은 감격하여 이렇게 반응했다.

"야곱은 아침 일찍 일어나서, 베개로 삼았던 돌을 가져다가 기념기둥으로 세우고 그 위에 기름을 부었다. 그리고 나서 그곳의 이름을 베델(하나님의 집)이라고 했다"(창 28:18-19, 메시지).

야곱은 베개를 기둥으로 세우고 고통의 장소에 다른 이름을 붙였다. 그가 잃어버린 모든 것을 상징했던 돌 베개가 이제는 그가 발견한 모든 것을 기념하는 거룩한 기둥이 되었다. 그 땅은 더 이상 비바람에 망가진 불모지가 아니라, 하나님이 계신 곳이었다.

당신의 돌 베개는 무엇인가? 당신의 실수와 상실을 떠올리게 하는 물건은 무엇인가? 이혼 증서? 묘비? 당신을 잊고 사는 자녀들 사진?

당신의 광야는 어디인가? 텅 빈 집? 병실? 책상에 쌓인 미납 청구서들?

야곱과 벧엘의 약속은 이것이다. 여호와께서 광야에 계신다. 절망 가운데, 슬픔 가운데, 엉망진창과 난장판 가운데, 무너진 마음 가운데 그분이 계신다. 원치 않았고 반갑지도 않은 이 중간 지점에서 하나님이 당신을 만나실 것이다. 그분이 도우셔서 당신의 베개가 기둥이 될 것이다. 메마른 땅이 예배 장소가 될 것이다. 하나님이 말씀하시고 천사가 내려오며 당신은 곧 이렇게 고백할 것이다.

"여호와께서 과연 여기 계시거늘 내가 알지 못하였도다."

대가성
은혜는
없다

하나님은 자기 역할을 다하지 않으셨다. 그게 핵심이었다. 그 분은 약속을 지키지 않으셨다.

몹시 화가 났다. 나는 성실하게 약속을 지켰다.

그런데 하나님은? 천국에서는 이 같은 주장을 하지는 못할 것이다.

그러니 이제 다시 생각하고 결판을 내려야 할 때였다. 내 불만을 털어놓을 때가 되었다. 그리고 정말로 그렇게 했다. 1985년 12월 어느 추운 밤, 나는 아버지의 쉐보레 세단을 몰고 서부 텍사스의 드넓은 평야로 향했다. 원유 시추기 옆에 차를 세웠다. 그 당시 나는 텍사스가 아니라 브라질 리우데자네이루에 살고 있었다. 물론, 텍사스에서 어린 시절을 보내긴 했다. 아버지는 유전 분야에서 일하셨다. 아버지와 브라질은 하나님과 내가 맺은 계약 내용이었다.

계약 내용은 간단했다. 내가 브라질에 가면 그 대가로 하나님이 아버지를 고쳐주시는 것이었다. 아버지는 1982년에

루게릭병 진단을 받았다. 우리 부부는 1983년에 리우로 이주할 계획이었으나, 아버지의 진단 이후 이주 계획을 포기하고 아버지 곁에 남으려 했다. 하지만 아버지는 우리 말을 전혀 들으려 하지 않았다. 내가 소중히 간직하고 있는 한 편지에서 아버지는 우리에게 이렇게 말씀했다.

"나는 죽음이나 영원이 두렵지 않다. 그러니 브라질로 가서 하나님을 기쁘시게 해드리렴."

떠나기 전에 나는 하나님과 합의를 보았다. 내가 아버지와 보낼 소중한 시간을 포기하면, 그 대가로 하나님은 의사들이 할 수 없는 일을 해주실 것이다. 우리 아버지를 고쳐주실 것이다. 그 결과는 엄청난 증거가 될 것이다.

"하나님이 자기 삶을 내려놓은 선교사의 아버지를 고쳐주셨다."

아버지는 건강을 회복하고 앞으로 우리 교회에는 수십 년간 이 미담이 전해질 것이다. 이것이 바로 하나님과 나, 둘 다 이기는 최상의 전략이 아니고 무엇이겠는가!

그런데 문제가 한 가지 있었다. 아버지의 상태가 나아지지 않고 오히려 더 나빠졌다. 우리는 청원 휴가를 얻어 텍사스로 돌아왔다. 급히 달려간 병원 중환자실에는 부쩍 약해진 아버지가 삽관술을 하고 누워 있었다. 들끓는 마음을 주체하지 못한 채 중환자 보호자 대기실에서 하루를 보냈다.

그날 밤, 유전 지대로 차를 몰았다. 자갈이 깔린 맨땅을 쿵쿵대며 왔다 갔다 하면서 불만을 털어놓았다.

"제가 브라질에 안 갔습니까?"

정적.

"가족들도 다 데리고 가지 않았습니까?"

정적.

"제가 약속을 어겼습니까?"

정적.

"그런데 왜 우리 아버지를 고쳐주지 않으십니까?"

정적.

하나님은 아무 말씀이 없으셨다. 그래도 이유는 알 것 같았다. 합의는 내가 꾸며낸 상상에 불과했다. 서명은 한쪽만 했다. 그 사실은 하나님에 대한 내 오해를 드러냈다.

야곱도 비슷한 오해로 고생했다.

우리가 마지막으로 야곱을 보았을 때 그는 가장 신비로운 순간에 눈뜨고 있었다. 그는 눈에 보이지 않는 것을 보았다. 하늘과 땅 사이 거룩한 입구를 엿보는 특권을 누렸다. 돌계단이 하늘과 땅을 이어주고 천사들이 그 위를 오르락내리락했다. 위에 계신 하나님이 아래에 있는 야곱에게 약속의 말씀을 들려주셨다. 아브라함과 이삭이 누린 모든 복을 야곱에게도 물려주겠다는 약속이었다.

야곱은 신의 현현을 경험하고 깨달음을 얻었다.

"하나님이 여기 계셨구나."

두려운 마음과 경배하는 마음이 동시에 일어났다. 그는 베개를 기둥으로 세우고 그 위에 기름을 부은 후, 황량한 그곳을 "하나님의 집"이라고 불렀다.

우리는 이 정도 경험이면 야곱이 달라졌을 것이며, 자신의 단점을 알게 되었으리라고 기대한다. 전능하신 하나님을 대면한 성경의 다른 인물들은 그랬다.

하나님은 야곱의 환상과 비슷하게 이사야에게 환상으로 말씀하셨다. 환상을 본 이사야는 이렇게 외쳤다.

"화로다 나여 망하게 되었도다 나는 입술이 부정한 사람이요"(사 6:5).

베드로는 갈릴리 바다에서 기적을 행하신 예수님을 보고 그분이 하나님이심을 깨달았다. 그는 예수님의 무릎 아래 엎드려 "주여 나를 떠나소서 나는 죄인이로소이다"(눅 5:8)라고 말했다.

요한은 하늘의 장막이 걷히고 이십사 장로와 네 생물이 하나님을 경배하는 모습을 보았다. 사도는 너무 압도당한 나머지 "그[천사] 발 앞에 엎드려 경배하려 하니 그[천사]가 나에게 말하기를 … 삼가 그리하지 말고 오직 하나님께 경배하라"(계

19:10)라고 했다.

이사야는 실패를 인정했다. 베드로는 압도당했다. 요한은 경배했다. 우리는 야곱에게서도 비슷한 것을 기대하게 된다. 그러나 안타깝게도, 그가 느꼈을지도 모를 경외감은 금세 사라져버렸고 그는 다시 하나님과 협상을 시작했다.

> 야곱이 서원하여 이르되 하나님이 나와 함께 계셔서
>
> 내가 가는 이 길에서 나를 지키시고
>
> 먹을 떡과 입을 옷을 주시어 내가 평안히 아버지 집으로
>
> 돌아가게 하시오면 여호와께서 나의 하나님이 되실 것이요
>
> 내가 기둥으로 세운 이 돌이 하나님의 집이 될 것이요
>
> 하나님께서 내게 주신 모든 것에서 십분의 일을
>
> 내가 반드시 하나님께 드리겠나이다 하였더라 **창 28:20-22**

뭔가 조정해보려는 표현들이 보이는가?
"하나님이 …하시오면 내가 …하겠나이다."

하나님이…

나와 함께 계셔서

나를 지키시고

먹을 떡과

입을 옷을 주시어

아버지 집으로 돌아가게 하시오면

그러면 나 야곱은…

여호와께서 나의 하나님이 되실 것이요

이 돌이 하나님의 집이 될 것이요

하나님께서 내게 주신 모든 것에서

십분의 일을 하나님께 드리겠나이다.

야곱은 흥정했다. 이 타고난 장사꾼은 복을 받고 감사하기
보다는 계약의 핵심 내용을 성사하려 애썼다. 그는 마치 낙타
상인에게 하듯이 하나님께 말했다. 계약을 제안했다. 거래하
고 합의를 보려 했다.

야곱만 그런 것은 아니었다. 아브라함도 소돔에서 의인을
열 명만 찾으면 분노를 누그러뜨려달라고 하나님께 간청했다
(창 18:32 참조). 한나는 아들을 주시면 그를 여호와께 드리겠
다고 서원했다(삼상 1:11 참조). 야곱이 하나님과 처음 협상을
시도한 사람은 아니었다. 하지만 그는 아브라함과 한나보다
한 발 더 나갔다. 그는 하나님이 자신을 보호해주셔야만 그

분을 믿겠다고 했다.

"먹을 것을 주시고 나를 보살펴주시면 여호와께서 나의 하나님이 되실 것입니다."

며칠 전에 어느 젊은 부부를 만났는데 부부의 어린 자녀가 교통사고를 당했다. 내가 병원으로 병문안을 갔을 때 아이는 생명 유지 장치를 달고 있었다. 중환자실 밖에서 대화를 나누는 동안, 나는 부부의 눈에서 슬픔이 아닌 분노, 하나님에 대한 분노를 감지했다.

아이 아빠가 으르렁거리듯 말했다.

"하나님이 우리 아들을 데려가신다면 다시는 그분을 믿지 않을 겁니다."

아내도 입을 꾹 다물고 두 주먹을 불끈 쥔 채 고개를 끄덕였다.

누가 이들의 슬픔을 나무랄 수 있을까? 하지만 우리가 누구이기에 그런 말을 할 수 있단 말인가? 하나님이 우리 기도에 응답해주시느냐에 따라 믿음이 좌우된다니.

이런 경우를 가리켜 '거래 신학'(transactional theology)이라고 할 수 있을까. 거래 신학은 우리가 하나님과 대등한 조건으로 만날 수 있다고 전제한다.

'하나님은 내가 원하는 것을, 나는 하나님이 원하시는 것을 가지고 있다.'

그래서 서로 합의에 이른다.

"아버지를 고쳐주시면 리우로 가겠습니다."

"이 면접을 잘 보도록 도와주시면 남편에게 잘하겠습니다."

"감옥에서 나가게만 해주시면 목회자가 되겠습니다."

"이렇게 해주시면 저렇게 하겠습니다."

정말로? 도대체 무슨 근거로 우리는 하나님과 협상하는 것인가?

토저(A. W. Tozer)는 이렇게 썼다.

"인간을 그냥 내버려두면 우리는 그 즉시 하나님을 관리 가능한 용어로 축소하려는 경향이 있다. 우리는 그분을 사용할 수 있는 곳으로 그분을 데려가기 원하거나, 적어도 우리가 그분을 필요로 할 때 그분이 어디에 계시는지 알기 원한다. 우리는 어느 정도 통제할 수 있는 신을 원한다."[1]

우리가 하나님의 영적 배당금을 통제할 수 있다는 생각, 하나님이 램프를 문지르면 나타나는 지니라는 생각, 하나님이 비밀번호만 정확하게 치면 좋은 것을 내주는 현금 인출기라는 생각, 우리가 하나님과 거래했기 때문에 그분은 원하는 대로 움직여야 하는 하늘의 요정이라는 생각은 거의 이단이라고 할 수 있다. 우리는 우리를 책임지시는 초월적인 하나님을 우리에게 책임이 있는 의존적인 하나님으로 바꾸어버렸다.

이런 거래 신학은 어떤 결과를 낳는가?

환멸이다. 당신은 이렇게 말하는 사람을 얼마나 많이 만나 보았는가?

"나는 오래전에 하나님을 버렸어요. 아이가 아팠거든요. '하나님, 거기 계신다면 우리 아이 좀 낫게 해주세요'라고 기도 했는데 아무 소용이 없었어요. 내가 아는 한, 하나님은 없어요."

자기만의 서부 텍사스 유전 지대를 경험한 사람, 칠흑 같은 하늘을 바라보며 "왜 약속을 안 지키십니까?"라고 외친 사람 은 또 얼마나 많은가? 얼마나 많은 사람이 하나님을 주머니 크기의 신으로 축소해버렸는가? 얼마나 많은 사람이 하나님 에 대한 과소한 관점과 자신에 대한 과장된 관점 때문에 우리 의 크신 아버지와 맺는 능력과 생명의 관계를 잃어버렸는가?

분명히 말하고 제대로 이해하자. 하나님과의 관계에 대가 성은 없다. 그분은 벼룩시장 행상인이 아니시다. 하나님과 우 리 사이에 주고받기나 맞교환은 없다. 우리 몫과 하나님 몫을 거래한다는 개념은 없다.

성경은 다음 말씀으로 거래 신학을 반박한다.

"하늘에 계신 우리 아버지여 이름이 거룩히 여김을 받으시 오며"(마 6:9).

'거룩히 여김을 받다'라는 단어의 어근은 '하기오스'(hagios) 인데, '거룩한', '거룩함' 같은 단어가 거기에서 나왔다. '하기오스'에는 '독특한, 남다른, 구별된'이라는 의미가 있다.[2] 하나님은 당신을 사랑하시지만, 당신과 같지는 않다.

중력이 하나님을 끌어당기지 못한다.

고통이 하나님을 괴롭히지 못한다.

경제가 하나님을 당황하게 하지 못한다.

날씨가 하나님을 방해하지 못한다.

선거가 하나님을 결정하지 않는다.

질병이 하나님을 감염시키지 못한다.

죽음이 하나님을 주장할 수 없다.

하나님은 이 모두를 초월하신다!

하나님은 "온 세계의 지존자"(시 83:18)시다. 땅은 하나님의 발판이다(사 66:1 참조). 이 세상은 하나님의 주머니에 들어가고 온 우주가 그분의 손바닥에 있다. 하나님은 거룩하시다. 바닷물이 그 속에 잠긴 양동이를 가득 채우듯 하나님은 하늘과 땅을 채우신다. 하나님은 어디에도 담기지 않으시고 그분이 만물을 담으신다.

하나님께 인간이라는 존재는 어릴 적 우리 형제가 만든 개미 사육장과 비슷하다. 형과 나는 중학교 때 과학 숙제로 개미 사육장을 만들었다. 투명 플라스틱판 두 개 사이에 흙을 3센티미터 정도 넣은 아주 간단한 장치였다. 판은 약 0.1제곱미터 크기였고 흙에는 개미들이 득시글했다. 자그마한 개미들은 몹시 분주했다. 개미들은 굴을 파고 미로 같은 방과 동굴 사이를 바삐 움직였다.

우리는 개미들의 일거수일투족을 모두 볼 수 있었지만, 개미들은 우리의 존재를 몰랐다. 개미들에게는 0.1제곱미터 흙 속이 온 우주였다.

내가 쉽게 할 수 있는 일을 개미들은 할 수 없었다. 나는 자전거를 타고 거리를 내달릴 수 있었고 친구들과 야구공을 던지며 놀 수 있다. 고작 초등학교 4학년이었지만 개미들과 비교하면 나는 '지존자'였다.

그러니 개미 한 마리가 협상을 시도해왔을 때 내가 얼마나 놀랐을지 상상해보자.

어느 날 저녁, 숙제를 거의 마무리하고 있는데 어디선가 찍찍거리는 고음의 목소리가 들렸다.

"맥스!"

교과서에서 고개를 들어 보니 작디작은 벌레 한 마리가 그보다 더 작은 흙덩어리 위에 서 있었다.

"맥스!"

또다시 소리가 들렸다.

"너랑 맞교환을 하고 싶은데!"

나는 형이 장난을 치는 것은 아닌지 확인하려고 주변을 둘러보았다. 형은 아니었다. 분명히 개미 사육장에서 나는 소리였다.

"도대체 무슨 말이야?"

내가 물었다.

"내가 말이야, 개미집의 왕이 되고 싶거든. 그렇게 되도록 네가 도와주면 이 흙덩어리를 줄게."

그는 자기가 서 있는 얼룩 같은 것을 가리켰다.

"나는 네 흙덩어리 같은 거 필요 없는데" 하고 내가 말했다.

"빵 부스러기도 줄게."

개미가 덧붙였다.

"빵 부스러기도 필요 없어. 게다가 그 빵 부스러기는 원래 내가 준 거라고."

이런 대화가 몇 분간 오갔다. 개미는 자신의 방 두 개짜리 개미굴 콘도에서 휴가를 보낼 수 있게 해주겠다고까지 했다. 실랑이 끝에, 나는 나를 좀 그만 괴롭히라고 말했다.

"내 말을 이해 못 하는구나. 나는 너한테서 원하는 게 아무것도 없어. 오히려 네게 필요한 게 나한테 다 있지. 네 개미굴은 내가 원해서 존재하는 거라고."

"이제 난 널 믿지 않을 거야!"

개미는 발끈 성을 내며 가버렸다.

그는 '무인론(無人論)자'가 되었다.

물론, 이 이야기는 조금 과장된 면이 없지 않다. 하지만 핵심은 분명하다.

하나님은 우리보다 무한히 '더 높으신' 분이다. 우리가 사는 지구는 그분께 개미 사육장에 불과하다. 아무리 깊은 땅속도 하나님 손에 있는 주름에 불과하고, 아무리 높은 산도 그분의 새끼발가락보다 작다.

"그분은 하늘이나 땅에 있는 어떤 피조물 혹은 인간 상상력의 산물인 어떤 형상과도 바꿀 수 없다. 그분은 주권자시며 그분의 이름은 다른 모든 이름보다 거룩하며 다른 어떤 이름과도 같이 지칭할 수 없다."3)

하나님을 벼룩시장 장사꾼으로 보는 관점만큼 영적 성장에 방해가 되는 것도 없다. 우리가 하나님을 인간의 도움이 필요한 하찮은 존재로 생각한다면, 얼마 안 가 하나님 찾기를 그만둘 것이다. 반대로, 그분을 있는 모습 그대로, 곧 거룩하고 높으신 분, 초월적이고 찬란하신 분으로 본다면 우리는 영원토록 할 일을 이 땅에서도 평생 하게 될 것이다. 하늘 아버지의 아름다움과 풍요로움을 더욱 깊이 알아가는 일 말이다.

사실은 이렇다. 하나님께 화를 내는 사람은 대부분 그분이 하나님이라는 이유로 화를 낸다. 그들은 '하나님이' 약속하신 것을 이행하지 못했다고 화를 내는 것이 아니다. '그들이' 갈망하거나 기대하거나 요구한 것을 그분이 주시지 않았기에 화를 낸다. 자신에 대한 경외심이 하나님에 대한 경외심을 대체할 때 하나님은 더 이상 당신의 주님이 아니라 당신과 계약한 종으로 전락하고 만다. 4)

하지만 하나님이 우리를 위해 존재하시는 것이 아니라, 우리가 하나님을 위해 존재한다! 맥스에게 영광을 돌리려고 하나님이 존재하시는 것이 아니라, 하나님께 영광을 돌리려고 맥스가 존재하는 것이다.

이 점을 염두에 둔다면, 우리가 그분께 드릴 것(그분께는 없는 것)이 있다는 생각이 얼마나 어리석은지 알 수 있지 않을까?

하나님이 얼마나 오래 참으시는지 찬양할 수 있지 않을까? 야곱은 자신의 충성이 대단해서 하나님이 그 충성을 받으시려고 그의 조건을 들어주시리라 생각했다. 나는 선교사로 섬기는 일이 초자연적인 치유와 맞교환할 만큼 중요하다고 생각했다.

무시무시한 자만이다.

그런데도 하나님은 은혜로 응답하셨다. 시편은 그 은혜를 이렇게 노래했다.

여호와는 긍휼이 많으시고 은혜로우시며

노하기를 더디 하시고 인자하심이 풍부하시도다.

자주 경책하지 아니하시며

노를 영원히 품지 아니하시리로다

우리의 죄를 따라 우리를 처벌하지는 아니하시며

우리의 죄악을 따라 우리에게 그대로 갚지는 아니하셨으니

이는 하늘이 땅에서 높음같이

그를 경외하는 자에게 그의 인자하심이 크심이로다

동이 서에서 먼 것같이

우리의 죄과를 우리에게서 멀리 옮기셨으며

아버지가 자식을 긍휼히 여김같이

여호와께서는 자기를 경외하는 자를 긍휼히 여기시나니

이는 그가 우리의 체질을 아시며

우리가 단지 먼지뿐임을 기억하심이로다 시 103:8-14

하나님은 우리 기도를 확실히 들으신다. 우리 간구를 내치지 않으신다. 내가 아버지를 위해 기도한 것은 옳았다. 하나님께 도움을 청하는 것은 순종이다. 하지만 주의해야 한다. 기도는 우리가 원하는 일을 하나님께 요구하는 것이 아니다. 하나님이 가장 좋은 일을 하실 것을 신뢰하는 것이다. 하나님은 우리를 너무 사랑하셨기에 인간의 모습으로 오셔서 우리와 같이 되셨다. 인간의 손과 발과 눈을 취하셨다. 심지어 피조

물의 손에 죽임을 당하기까지 하셨다. 하나님은 우리의 요구를 외면하시지 않는다. 그러나 그분은 절대 대가성으로 일하시는 하나님이 아니다.

하나님은 너무 크시고,

우리는 너무 작다.

그러나저러나, 하나님은 나의 아빠를 고쳐주셨다. 이 땅에서는 아니지만, 그분의 임재 가운데서 말이다. 아버지야말로 아들의 기도에 최고의 응답을 받았다고 그 누구보다 먼저 고백할 사람임을 나는 확신한다.

사기당한
사기꾼

눈금과 몇 차례 말다툼을 벌인 적이 있다. 땅에 긋는 눈금 말고, 체중계 눈금 말이다. 나는 숫자를 확인하고는 즉각 반박했다.

"아냐. 그럴 리 없어. 네가 정확하지 않은 거야. 원래 몸무게보다 더 나왔다고. 내가 그렇게 무겁지는 않아. 네가 틀렸어."

그러나 눈금은 대답하는 법이 없다. 침묵을 고수하면서 자신을 변호하지도 않는다. 그러니 몸무게를 놓고 눈금과 실랑이를 해봐야 아무 소용 없다.

외모를 두고 거울과 다투는 것도 아무 의미가 없다. 그런데도 나는 그런 헛수고를 했다. 아내가 내게 원형 탈모증이 있는 것 같다고 말해주었다. 나는 몰랐던 사실이다. 물론, 내가 알아차리기 훨씬 전부터 두피에서는 서서히 탈모가 시작되고 있었을 것이다. 눈썰미 있는 아내 덕분에 더는 모른 척할 수 없게 되었다. 급히 욕실로 가서 손거울을 들고 머리 뒤쪽을 살폈다. 찾았다. 유대인들이 쓰는 동글납작한 모자 같은 형상이 아메바처럼 퍼져 있었다. 찻잔 크기로 동그랗게 머리를 민 수도승들을 본 적 있는가?

나도 자격이 충분해 보인다.

불쾌한 마음을 거울에 표현했다.

"네가 틀렸을 거야."

아무 답이 없다. 체중계 눈금처럼 거울도 반대 의견에 꿈쩍하지 않는다.

속도 측정기도 마찬가지다.

"경관님, 기계가 잘못됐네요. 저는 속도위반한 적 없습니다."

"측정기는 아니라는데요."

으악! 사건 종결. 반박은 먹히지 않는다.

눈앞에 버젓이 존재하는 진실을 부정하기란 힘들다.

야곱의 경우, 하나님은 머나먼 땅 하란에서 도무지 부정할 수 없는 사실을 그에게 보여주셨다. 우리는 야곱이 그곳에서 보낸 이십 년 세월이 성경에서 가장 별나고 흥미진진한 이야기 중 하나임을 알게 될 것이다. 이미 한 여자와 결혼해놓고 내내 다른 여자와 결혼할 생각을 품는 남자가 있을까? 사기꾼이 다른 사기꾼한테 사기당할 수도 있을까? 창세기 29장에 그 답이 나와 있다.

야곱을 따라 하란으로 가기 전에, 야곱이 하늘의 가장 큰

약속, 곧 예수님을 이 땅에 보내시겠다는 약속의 주역이었다
는 점을 기억하자. 두 세대 전에 하나님은 야곱의 할아버지인
아브라함에게 여러 표현으로 약속하셨다.

"내가 이 비참한 세상의 죽음과 깨어짐을 해결할 텐데 너와
네 후손을 통해 그 일을 이룰 것이다."

그 후손 중 하나가 야곱이었다. 야곱의 사다리 꼭대기에서
하나님은 약속하셨다.

"땅의 모든 족속이 너와 네 자손으로 말미암아 복을 받으리
라"(창 28:14).

그러나 야곱의 전과 기록에는 '사기꾼', '협잡꾼', '도둑', '거
짓말쟁이' 같은 단어가 등장했다. 그의 영적인 삶은 로키산맥
보다 더 곡절이 심했다. 그래도 하나님은 그를 내치지 않으셨
다. 그의 사람됨에도 불구하고 그를 사용하셨다. 희한한 일
이다. 야곱은 교회보다 도박 카지노에 더 어울리는 사람이었
다. 그의 삶은 엉망진창이었다.

우리도 그렇지 않은가? 야곱처럼 우리의 영적 행보도 굽은
길을 걷는다. 번번이 제정신이 아닌 사람처럼 행동하고, 나쁜
습관이 좋은 의도를 망친다. 그래서 문득 이런 생각이 들곤
한다.

'하나님이 나 같은 사람도 받아주실까?'

야곱을 보면 그 답은 "그렇다"이다. 우리는 크게 실패하지

만, 하나님의 은혜는 그보다 더 크다. 그분은 흠 있는 사람들을 쓰신다. 우리를 내치셔야 마땅할 때도 내치지 않으신다. 그러나 하나님은 우리가 심은 대로 거두게 하신다.

성경은 이 경고의 깃발을 자주, 그것도 숨김없이 노골적으로 흔들곤 한다.

악인은 자기가 손으로 행한 일에 스스로 얽혔도다 시 9:16

잔인한 자는 자기의 몸을 해롭게 하느니라 잠 11:17

사악한 자의 패역은 자기를 망하게 하느니라 잠 11:3

악한 자는 자기의 악으로 말미암아 넘어지리라 잠 11:5

네가 행한 대로 너도 받을 것인즉 네가 행한 것이 네 머리로 돌아갈 것이라 옵 1:15

이방 나라들은 자기가 판 웅덩이에 빠짐이여 자기가 숨긴 그물에 자기 발이 걸렸도다 시 9:15

이런 말씀이 한두 구절이 아니다. 1) 심은 대로 거둔다는 사실은 성경에서 결코 사소한 문제가 아니다. 악은 계속해서 다시 튀어나온다.

선도 마찬가지다.

용서하라 그리하면 너희가 용서를 받을 것이요 **눅 6:37**

말을 잘하면 만족을 얻고 일을 잘하면 보상이 따른다 **잠 12:14, 메시지**

인자한 자는 자기의 영혼을 이롭게 하고 잔인한 자는 자기의 몸을 해롭게 하느니라 **잠 11:17**

구제를 좋아하는 자는 풍족하여질 것이요 남을 윤택하게 하는 자는 자기도 윤택하여지리라 **잠 11:25**

예수님은 이렇듯 되돌아오는 원리를 다음과 같은 말씀으로 요약하셨다.

"너희가 헤아리는 그 헤아림으로 너희가 헤아림을 받을 것이니라"(마 7:2).

하나님이 당신에게 양동이로 자비를 쏟아부어주시기를 원하는가? 그렇다면 당신도 다른 사람들에게 자비를 베풀 때 양동이를 사용하라. 하나님이 티스푼을 사용하시기 원하는가? 그렇다면… 흠, 내 말이 무슨 뜻인지 알 것이다.

야곱이 그랬는지는 잘 모르겠다.

하나님은 야곱에게 교훈을 주시려고 그를 라반의 땅, 하란 지역으로 데려가셨다.

이 여행을 주선한 건 야곱의 어머니 리브가였다. 그녀의 계획은 간단했다. 야곱을 안전한 곳으로 보내서 에서의 화가 가라앉을 때까지 삼촌 라반과 함께 지내게 하는 것이었다. 누가 알겠는가. 거기서 괜찮은 결혼 상대를 찾기라도 할지.

야곱은 하란에 가서 삼촌을 만나고 결혼도 할 것이라고 생각했다. 그러나 하나님은 야곱을 하란으로 보내셔서 그가 체중계에 올라서게 하셨다. 이제 거울을 들여다볼 때였다. 속도 측정기를 확인할 때였다. 야곱이 야곱에 대한 사실들을 직면해야 할 때였던 것이다. 야곱에게는 원형 탈모가 아니라 두어 군데 사각지대가 있었다. 그는 동쪽으로 요단강을 건너서 북쪽으로 다메섹, 동쪽으로 다드몰을 지났다. 그리고 다시 북쪽으로 꺾어서 유브라데강을 건너 비옥한 초승달 지대를 지나 오늘날의 튀르키예에 도착했다.

야곱이 하란에서 맨 처음 본 것은 우물이었다. 오염과 도둑질을 막으려고 우물 입구를 큰 돌로 막아놓았다. 우물 가까이에는 목자 셋이 서 있었다. 야곱이 그들에게 라반이라는 사람을 아느냐고 묻자, 안다는 답이 돌아왔다.

야곱이 그들과 말하는 동안에

라헬이 그의 아버지의 양과 함께 오니

그가 그의 양들을 치고 있었기 때문이더라

야곱이 그의 외삼촌 라반의 딸 라헬과

그의 외삼촌의 양을 보고 나아가

우물 아귀에서 돌을 옮기고

외삼촌 라반의 양 떼에게 물을 먹이고

그가 라헬에게 입 맞추고 소리 내어 울며 **창 29:9-11**

얼마나 영화 같은 장면인가! 검은 머리카락을 목덜미께에 주홍색 끈으로 모아 묶은 라헬이 눈에 그려진다. 그녀의 눈은 마치 아몬드 모양으로, 초콜릿색을 띠었으며, 턱은 가운데가 살짝 갈라져 있고 입가에는 수줍은 미소를 머금었다. 그녀는 버드나무 가지로 양 떼를 몰고 있다.

매력덩어리 라헬이었다.

구름 한 점 없는 별이 총총한 밤하늘처럼

그녀는 아름답게 걷는다.

어둠과 광명의 정화는 모두

그녀의 얼굴과 눈 속에서 만나서. 2)

그녀는 정말 끝내줬고, 야곱은 첫눈에 사랑에 빠졌다.

야곱은 라헬을 보자마자 슈퍼맨으로 변신하여 겉옷을 뜯고 가슴에 있는 'S'자를 드러냈다. 눈이 휘둥그레지고 가슴은 두근거렸다. 그는 근육을 풀고 어깨를 돌에 밀착하고는 힘껏 밀어붙였다. 그랬더니 우물 입구가 열렸다. 야곱은 세 사람이 하지 못한 일을 해냈다. 그러고 나서 그는 아무도 예상하지 못한 행동을 했다.

"야곱은 라헬에게 입 맞추고 울음을 터뜨렸다"(창 29:11, 메시지).

주석가들은 이 입맞춤을 존경의 표현이자 관습적인 인사로 설명한다. [3] 뺨에 살짝 입을 맞추는 행위 정도로. 정말 그럴까?

내 눈에는 격정이 보인다. 야곱이 두 손으로 라헬의 얼굴을 감싸 쥐고, 마치 결혼식에서 하듯이 입맞춤하는 것처럼 보인다. 그러고 나서 그는 울음을 터뜨렸다. 라헬이 너무 아름다워서? 마침내 자신의 순례 여정이 끝나서? 발꿈치를 잡았던 자신이 이렇게 멋진 여성을 만나서? 아마도 이 모든 이유가 어우러진 복잡미묘한 감정이었을 것이다.

라헬이라는 이름은 '암양'이라는 뜻이다. [4] 야곱은 그녀를 보자마자 "암양을 갖고 싶어요"라고 말했다. 라헬은 곧장 달려가서 아버지 라반을 데려왔다.

라반, 이 사내를 맞을 준비가 되었는가? 그는 닳고 닳은 사람으로, 폰지 사기 주범 버니 메이도프(Bernie Madoff)와 서커스 기획자 바넘(P. T. Barnum, 영화 〈위대한 쇼맨〉의 실존 인물-역자 주)을 반반 섞어 놓은 듯한 인물이었다. 그는 당신과 어깨동무하면서 동시에 당신 지갑에 손을 댈 수 있는 사람이었다. 라반은 단추를 배꼽까지 풀어 헤친 실크 셔츠를 입었으며, 목에는 금목걸이를 걸고 양쪽 새끼손가락에는 금가락지를 끼었다. 싸구려 염색약으로 물들인 머리카락 색은 구레나룻과 영 어울리지 않았다.

그가 야곱을 꼭 끌어안았다.

"오, 리브가의 아들이 우리 장막에 왔구나! 이제 우리 집에서 같이 살자꾸나! 여기 사는 동안에는 아무것도 부족하지 않을 거다."

야곱은 라반을 위해 일하러 갔고, 한 달 동안 그의 가축을 돌본 후에 라헬과 결혼하게 해달라고 말했다. 신부를 데려오기 위한 지참금은 보통 30-40세겔이었다. 목자의 일 년 치 급여가 10세겔이었으므로 야곱은 서너 해 정도 일하면 라헬과 혼인할 수 있으리라 예상했다.[5] 그런데 뜻밖의 상황이 벌어졌다.

아마도 두 사람 사이에 이런 대화가 오가지 않았을까 싶다.

"딸을 주시는 대가로 무엇을 원하십니까?"

라반이 가슴에 손을 얹고 말했다.

"내 소중한 라헬을 그냥 주지는 못하겠구나."

"삼촌을 위해 일하겠습니다."

"어떻게 조카에게 일을 시키겠는가?"

"일 년간 삼촌의 가축 떼를 돌보겠습니다."

"그러기에는 라헬이 내게 굉장히 특별한 딸이거든."

"삼 년 동안 일하겠습니다."

"그러기에는 라헬이 너무 예쁘지 않니."

라헬에게 잘 보이려고 돌을 옮겼던 야곱은 그녀와 결혼할 수만 있다면 하늘과 땅까지도 옮길 기세였다.

"그러면 사 년으로 하죠."

설전이 오간 끝에 야곱은 칠 년 동안 일해주기로 합의를 보았다(통상적인 지참금 액수의 두 배였다!). 숙식만 제공받는 조건으로 말이다.

기억할지 모르겠지만, 야곱은 약속의 땅에서 제일가는 부자의 손자였다. 그런 그가 공짜로 일해준다고? 이유는 알 만하다. 라헬이 절세미인이었거나 탐욕스러운 라반이 야곱을 구워삶았거나. 나는 둘 다였을 것이라고 본다.

야곱과 라헬의 사랑을 묘사하기 위해 성경에서 가장 시적인 표현이 사용되었다.

"야곱이 라헬을 위하여 칠 년 동안 라반을 섬겼으나 그를 사랑하는 까닭에 칠 년을 며칠같이 여겼더라"(창 29:20).

휴.

라반이 그렇게 간사한 사기꾼만 아니었다면 일은 잘 풀렸을 것이다. 라헬에게는 아직 결혼하지 않은 언니 레아가 있었다. 성경은 레아의 외모를 조금 아리송하게 묘사한다.

"레아는 시력이 약하고 라헬은 곱고 아리따우니"(창 29:17).

동생에게서 볼 수 있는 생기와 반짝임이 레아의 눈에는 없었다. 라헬은 '암양'이라는 뜻이지만 레아는 '암소'라는 뜻이다. 6)

'암양'과 '암소'가 한 가족이다.

외모를 반영한 이름일까? 그런 것 같기도 하다.

"레아에게도 매력이 없진 않았지만 라헬의 전반적인 미모와 비교하면 빛이 바랬다." 7)

확실하게 말할 수 있는 것은, 라헬은 결혼식장으로 향하고 있었지만, 언니 레아는 아니었다는 사실이다. 하지만 라반에게는 다른 계획이 있었다. '바꿔치기'를 히브리어로는 뭐라고 하는지 잘 모르겠지만, 라반은 성경에서 가장 엄청난 바꿔치기를 성사해냈다.

야곱의 칠 년 노동이 끝나고 드디어 결혼식 날이 왔다. 라반은 동네 사람을 다 초대했다. 벽돌 만드는 사람들과 염소

치는 사람들, 목동들, 농부들과 낙타 상인들 등 많은 사람이 왔다.

"라반이 그곳 사람을 다 모아 잔치하고"(창 29:22).

이들에게 '잔치'는 '술 마시는' 잔치다. [8] 포도주가 물처럼 흘러넘쳤다. 다들 흥청망청 마시고 춤을 추었다. 손뼉 치고 연주하고 농담을 주고받고 시끌벅적하게 칭찬하고 북을 치고 고기를 먹고 발을 차고 샌들을 굴렀다. 건드레하게 취한 술고래들이 더는 못 마시겠다는 생각이 들 때 즈음 그들은 또다시 술잔을 기울였다.

여인들은 신부의 장막을 채비했다. 바닥에 카펫을 깔고 향을 뿌린 다음, 탁자 위에 등잔을 놓고 어둑하게 불을 밝혔다.

해가 지자 마법 같은 순간을 위한 무대가 마련되었다. 솟아오른 나뭇가지가 둥그런 달빛 안에서 춤추는 그림자가 되었다. 벨벳 밤하늘 위에 별들이 다이아몬드처럼 내려앉았다. 라반은 두꺼운 면사포를 쓴 신부를 장막으로 데려갔다. 신부는 온종일 보이지 않는 곳에 있었다. 첫날밤을 치를 시간이 되었을 무렵에 야곱은 이미 너무 취해서 자신이 무슨 행동을 하는지도 몰랐을 것이다. 적어도 그것이 그가 라반의 교묘한 속임수에 넘어간 이유를 설명해주는 최선이지 않을까 싶다.

다음 날 아침, 뇌에서 안개가 걷히고 몸속의 포도주가 빠져나간 야곱이 침대에서 몸을 일으키며 사랑스러운 라헬의 모습을 찾았을 때, 그는 깜짝 놀라고 말았다!

"아침이 되어 보니, 신방에 레아가 있었다! 야곱이 라반에게 따져 물었다. '제게 무슨 일을 하신 겁니까? 제가 라헬을 얻겠다고 이 모든 기간을 일한 것이 아닙니까? 외삼촌은 어째서 저를 속이셨습니까?'"(창 29:25, 메시지).

'자업자득'이라는 말을 아는가? 야곱은 크게 한 방 먹었다.

1. 장막에서 눈이 멀다시피 한 아버지 이삭을 속였던 야곱이 포도주와 밤, 정욕과 맹목적인 사랑에 눈이 어두워져 장막에서 속임을 당했다.

2. 가장 치밀한 계산으로, 되돌릴 수 없는 것을 훔쳤던 야곱이 되돌릴 수 없는 결혼에서 속임을 당했다.

3. 장자가 첫째가 되어야 한다는 전통을 못마땅해하며 거부했던 야곱이 "언니보다 아우를 먼저 주는 것은"(창 29:26) 잘못이라는 라반의 설명에 넘어갔다.

4. 야곱은 "외삼촌은 어째서 저를 속이셨습니까?"(창 29:25, 메시지)라고 라반에게 불평하면서 에서가 사용한 것과 똑같은 단어를 사용했다.

"[야곱이] 나를 속임이 이것이 두 번째니이다 전에는 나의 장자의 명분을 빼앗고 이제는 내 복을 빼앗았나이다"(창 27:36).[9)]

야곱이 거절할 수 없으리라고 확신한 라반은 야곱에게 라헬과도 결혼하라고 제안했다. 조건은? 칠 년 더 일하는 것이었다. 28절은 야곱의 표현만큼이나 간결하다.

"야곱은 그렇게 하기로 했다"(창 29:28, 메시지).

야곱은 결국 레아와 신혼 첫 주를 보내고 나서 라헬과 결혼했다. 두 번째 잔치는 조금 더 차분한 분위기였으리라 짐작할 수 있다.

야곱이 자매 사이인 두 아내와 혼인하면서 29장은 끝난다. 한쪽은 원하던 사람이었고 다른 한쪽은 아니었다. 그는 노동 기간을 칠 년 더 채워야 했는데, 그 사이에 성경이 반복해서 말씀하는 근본 진리를 곱씹어볼 시간이 충분했을 것이다.

"어느 누구도 하나님을 속일 수 없습니다. 사람은 심은 대로 거두게 마련입니다"(갈 6:7, 메시지).

야곱은 속임수라는 씨앗을 심었고 속임수의 열매를 거두었다. 그는 에서를 속였고 이삭을 속인 후, 라반에게 속았다. 결국 야곱이 야곱에게 당한 것이다.

이 일로 그가 교훈을 얻었다고 말할 수 있으면 얼마나 좋을까. 이런 단락을 쓸 수 있었다면 참 좋았을 것이다.

"야곱은 깨달음을 얻고 인생 진로를 더 나은 방향으로 재설정했다. 그는 밑장 빼기 같은 기술로 오랫동안 사람들을 속여

왔다는 것을 깨닫고 삶을 바꾸기로 했다. 모든 사람을 존중하고 하나님을 공경하게 되었다. 하란은 하나님이 의도하신 영향을 야곱에게 미쳤다."

그러나 이 단락은 지어낸 말이다. 야곱은 계속해서 목이 뻣뻣했고 아무 반응이 없었다. 참으로 배움이 느린 족장이다.

하나님은 그에게 여러 차례 메시지를 보내셨다. 그중에는 축복의 형태도 있었다. 하란에 무사히 도착했고 라헬 같은 미인을 만났으며 세 사람을 합친 힘으로 우물에서 돌을 옮겼다. 게다가 칠 년의 노동을 의무보다는 즐거움으로 여겼다. 야곱은 이런 선물들을 하나님이 그와 함께하신다는 뜻으로 해석할 수는 없었을까?

힘든 부담으로 다가온 신호도 있었다. 비열한 라반을 만났고 결혼식 날 밤에 신부가 바뀐 데다가 칠 년을 더 일해야 했다. 하지만 그 사이 어느 순간에라도, 야곱은 위를 볼 수 있지 않았을까? 위를 봤어야 하지 않을까?

"하나님, 제게 무슨 하실 말씀이 있으신가요?"

하나님은 그가 교훈을 얻고 삶의 방향을 바꿀 기회를 수없이 허락하셨다. 하지만 그는 그렇게 하지 않았다. 대단하다.

그런데 더 대단한 사실이 있다. 하나님은 그를 절대 포기하지 않으셨다는 점이다. 하나님은 절대 외면하지 않으셨다. 두 손 들고 그만두지 않으셨다.

은혜로다. 은혜로다. 은혜로다.

당신은 어떤가?

당신은 고향에서, 희망에서, 당신이 바라던 삶에서 멀리 떨어져 있다. 역경 대학교에서 석박사 학위를 받으려고 애쓰고 있지만 졸업은 요원하기만 하다. 당신이 바로 그런 형편이라면 라반을 비난하거나 레아를 노려보기 전에 거울을 오래도록 들여다볼 일이다. 야곱 이야기를 타산지석으로 삼자. 심은 대로 거둔다.

이 원리를 묘사한 한 가지 비유를 영국 풍경에서 찾아볼 수 있다. 영국식 정원은 아름답기로 유명하다. 그러나 그중 한 곳에는 살인을 목적으로 설계된 독특한 특징이 있다. 노섬벌랜드의 안윅 가든(Alnwick Garden)은 프림로즈, 화려한 꽃들과 아름다운 담쟁이덩굴, 계단식 분수가 있는 전형적인 영국식 정원이다.

그러나 정원 한가운데로 깊숙이 들어가면 검정색 철문 너머로 포이즌 가든(Poison Garden)이 있다. 세계에서 가장 치명적인 식물 백여 종을 보유한 이 으스스한 구역에 들어가려는 방문객은 엄격한 규칙을 지켜야 한다. 이곳에서 식물 냄새를 맡거나 만지거나 맛보는 것은 금물이다. 해마다 설마 하는 심정으로 경고를 무시하는 관광객들이 있어서 많은 사람이 유독가스로 기절하곤 한다. 놀라운 사실은, 수많은 치명적인 식물이 관광객들에게 사랑받는 식물들 옆에 자연스럽게 공존한다는 점이다. 공원을 거니는 사람들 곁에서 죽음과 아름다움이 동시에 바람에 흔들린다. 그리고 이 모든 것은 작은 씨앗 하나에서 시작된다. [10)]

당신은 오늘 어떤 씨앗을 심고 있는가? 속임수라는 씨앗이 속임수의 열매를 맺듯이, 진실이라는 씨앗은 풍성한 생명의 열매를 맺는다. 결과에는 복리 이자가 붙는다.

오늘 당신이 뿌리는 씨앗이 미래의 성격을 결정한다.

야곱 이야기는 굳이 하란을 통과할 필요가 없었다. 엉뚱한 언니와 결혼하는 일도 없었을 것이고 족장이 되기 위해 십사 년간 중노동을 할 필요도 없었다. 하나님의 계획을 이루어드리면서도 더 평화로운 삶을 영위할 수 있었을 것이다.

그러나 "바람을 심[으면] 광풍을 거둘 것"(호 8:7)이다.

혹은 지혜자가 말했듯이, "남을 친절히 대하면 자기도 잘되지만 남을 모질게 대하면 자기도 다친다. 악행의 대가는 부도수표지만 선행에는 확실한 보상이 따른다"(잠 11:17-18, 메시지).

야곱은 교훈을 얻었을까? 정확한 답을 알려면 계속해서 그의 인생 이야기를 읽어보아야 할 것이다.

그 전에 우리는 이 신행 강탈 소동에서 짚고 넘어가야 할 한 가지 희망적인 요소가 있다. 라헬의 언니 레아를 기억하는가? 야곱이 원치 않았던 아내, 눈빛이 약하고 불행한 이름을 지녔던 소녀 말이다.

레아는 유다라는 이름의 아들을 낳았다. 그녀의 후손 중에 베들레헴 목동 다윗과 나사렛 목수 예수가 있었다. 그렇다. 야곱에게 선택받지 못했던 레아는 하나님의 선택을 받아서 왕 중의 왕의 혈통을 잇는 어미가 되었다.

아, 이렇게 은혜는 계속 흐른다.

엉망진창
집안
세력 다툼

우리 큰누나가 인생의 전성기인 여든둘 나이에 대대적인 친족
모임을 열었다. 한 사람도 빠뜨리지 않기 위해 전 세계 루케이
도 가문에 지명 수배를 내렸다. 누나는 아칸소주 포트스미스
에 있는 누나네 집에 모든 친척을 초대해 주말을 함께 보냈다.

　나와 아내가 도착할 즈음에는 일가친척과 아이들, 사촌들
로 온 집이 떠들썩했다. 사돈의 팔촌까지 다 모이니 그 수가
50-60명 남짓으로, 이름표를 달아야 할 정도였다. 처음 보는
얼굴이 있는가 하면 오랜만에 보는 얼굴도 많았다. 한 부부는
이가 다 빠지고 기저귀를 찼는데 나이가 들면 다들 그렇게 되
는 법이다.

　누나는 가계도를 그려서 벽난로 위에 거는 지루한 작업을 다
마쳤다. 너비가 거의 2미터에 달하는 가계도는 백이십여 년에
걸쳐 4세대를 담고 있었다. 우리 아버지의 아버지의 출생에서부
터 시작하여 가장 최근에 태어난 조카 아들까지 이어졌다.

　누나는 거실 벽을 아이, 신부(新婦), 군인, 농부, 미용사 사

진으로 도배했다. 다들 루케이도 가문에 연결된 이들이었다.

누나들과 사촌 하나가, 십 대들과 처음 온 식구들에게 둘러싸여 빗발치는 질문들에 답해주고 있었다.

"그분이 2차 세계대전에 참전하셨다는 말씀이세요?"
"그분이 교도소에 가셨다고요?"
"왜 그분들은 아이가 없었나요?"
"왜 그분들은 아이가 그렇게 많았나요?"

우리 가계도에는 어두운 구석도 있고 밝은 구석도 있다. 술과 콜레스테롤은 타격을 입었고, 교육과 건강한 습관은 보상을 받았다.

헤어지기 전에 다 같이 거실에 모인 자리에서, 우리는 마지막으로 가계도를 한 번 더 살펴보고 최후의 질문을 나누었다.

"이번 주말에 뭐든 배운 게 있으면 말해볼까요?"

잠시 후에 증손자가 입을 열었다. 갓 대학을 졸업한 그 아이는 주말 내내 들은 온갖 이야기를 이렇게 한마디로 요약했다.

"제가 배운 게 있다면, 지금 제 모습이 어디서 왔는지 알게 되었다는 거예요."

우리는 자기 유전자를 벗어나지 못한다. 벗어나려 애쓸 수는 있지만 성공하는 법이 없다. 각 사람은 살면서 새로운 장을 쓰지만, 그 장은 더 큰 책의 일부다. 당신의 자서전은 당신이 쓰기 전부터 시작되었다. 그만큼 가정과 가문은 중요하다.

야곱도 마찬가지였다. 그는 자신의 가문 때문에 유명했던 것이지, 재능이나 재산이나 가르침으로 유명한 사람이 아니었다. 그가 발명하거나 작곡하거나 책을 썼대도, 우리는 그 발명품을 보지 못하고 그 노래를 부르지 못하고 그 책을 읽지 못했다.

하지만 그가 뿌린 가문은 영원까지 가지를 뻗었다. 성경을 조금 아는 사람이라면 이스라엘의 열두 지파에 대해 들어보았을 것이다. 성경을 잘 아는 사람이라면 그 지파들의 이름이 새 예루살렘의 열두 문 위에 새겨진 것도 알 것이다(계 21:12).

성경을 많이 아는 사람도 야곱 가문에 대해서는 궁금한 점이 많을 텐데, 그 목록에서도 맨 위에 있는 질문이 바로, 이 질문이다.

"예수 그리스도의 족보에 이 사람들이 들어가 있다는 말씀인가요?"

우리는 '야곱의 인생'이라는 이름의 롤러코스터는 익히 알고 있다.

이삭의 둘째 아들 야곱은 에서보다 불과 몇 초 늦게 태어났다. 그는 엄마 배에서 나올 때부터 형보다 앞서가려고 했다.

형제의 경쟁과 부모의 편애는 속임수와 살인 협박이 뒤섞인 치명적인 팥죽을 만들어냈는데, 아직 야곱의 결혼 생활 이야기는 꺼내지도 않았다.

자매 사이인 레아와 라헬은 단순히 집안일만 하지는 않는 몸종을 각자 하나씩 거느리고 있었다. 야곱은 자기 자식을 낳아준 네 여자 사이에 끼어서, 이미 거대한 소용돌이나 다름없는 골칫거리 인생이 더 복잡해지는 것을 느꼈다. 이 가족은 스캔들이라는 이름에 더 심한 먹칠을 했다.

여호와께서 레아가 사랑받지 못함을 보시고
그의 태를 여셨으나 라헬은 자녀가 없었더라
레아가 임신하여 아들을 낳고
그 이름을 르우벤이라 하여 이르되
여호와께서 나의 괴로움을 돌보셨으니
이제는 내 남편이 나를 사랑하리로다 하였더라
그가 다시 임신하여 아들을 낳고 이르되
여호와께서 내가 사랑받지 못함을 들으셨으므로
내게 이 아들도 주셨도다 하고
그의 이름을 시므온이라 하였으며
그가 또 임신하여 아들을 낳고 이르되
내가 그에게 세 아들을 낳았으니

내 남편이 지금부터 나와 연합하리로다 하고

그의 이름을 레위라 하였으며

그가 또 임신하여 아들을 낳고 이르되

내가 이제는 여호와를 찬송하리로다 하고

이로 말미암아 그가 그의 이름을 유다라 하였고

그의 출산이 멈추었더라 **창 29:31-35**

레아가 아들들에게 붙여준 이름은 자매 사이인 아내들 간의 상처와 증오를 고스란히 대변했다. 첫 번째 아들의 이름 르우벤(보라, 아들이다)은 하나님이 레아의 고통을 돌아보셨다는 표시였다. 두 번째 아들의 이름 시므온(여호와께서 들으셨다)은 하나님이 레아의 이야기를 들으셨다고 선언했다. 하나님이 라헬의 이야기는 듣지 않으셨다는, 은근히 가시 돋친 표현이었다. 레위는 '연합'이라는 뜻으로, 레아가 야곱과 연합하지 못한 것을 한탄하는 이름이며, 유다는 '하나님을 찬양하라'라는 뜻이었다.

야곱 집안은 임신과 불임으로 인한 갈등이 가득했다.

레아는 야곱의 아들들을 얻었지만 사랑받지 못했다.

반면 라헬은 야곱의 사랑을 얻었지만 아들이 없었다.

언니가 아들을 넷이나 낳는 모습을 지켜본 라헬은 시기심이 가득하여 야곱의 장막으로 쳐들어가 이렇게 요구했다.

"나도 아이를 갖게 해주세요. 그러지 않으면 죽어버리겠어요!"(창 30:1, 메시지)

야곱은 자신의 깜냥에 맞지 않는 요청에 중얼거리며 몇 마디 대꾸했다. 라헬은 직접 나서서 문제를 해결하기로 하고 이렇게 말했다.

"내 몸종 빌하가 있으니, 그녀와 잠자리를 같이하세요. 그녀가 나를 대신해 아이를 낳으면, 내가 그녀를 통해 아이를 얻어 집안을 이어나갈 수 있을 거예요"(창 30:3, 메시지).

그리고 빌하가 낳은 아이에게 단이라는 이름을 지어주었다. 단은 '변호'라는 뜻이었는데, 라헬의 입김이 작용했을 것이다. 요즘 애들 표현으로 하자면 "메롱 메롱" 정도일까. 빌하가 다시 임신하자 "라헬이 말했다. '내가 온 힘을 다해 언니와 싸워서 이겼다.' 그러고는 아이의 이름을 납달리(싸움)라고 했다"(창 30:7-8, 메시지).

레아는 자신이 더 이상 아이를 낳을 수 없다는 것을 알고 몸종 실바를 내세웠다.

"실바가 야곱의 아들을 낳자, 레아가 '참 다행이구나!' 하고 말하면서 아이의 이름을 갓(행운)이라고 했다." 그러고 나서 둘째 아들이 태어났다. "레아가 '참 행복한 날이다! 여자들이 나의 행복을 보고 축하해줄 거야' 하고 말했다. 그러고는 아이의 이름을 아셀(행복하다)이라고 했다"(창 30:10-13, 메시지).

내 생각에, 라헬은 레아의 행복을 축하해주지 않았을 것 같다.

야곱네 저녁 식탁의 분위기는 점점 더 혼란스럽고 미쳐 돌아갔다. 라헬과 레아는 서로 경멸했다. 의지와 임신을 둘러싼 싸움이었다. 두 몸종도 경쟁 관계였다. 날마다 아이들이 태어나는 것 같았다. 아이들은 사방으로 기어 다니고 시끄러운 소리를 내며 울어댔다. 아이들 소리 때문에 제대로 된 대화가 불가능했다. 아니, 아무도 대화를 원치 않았다. 모든 사람이 서로 충돌했다. 가족이 아니라 원수였다.

가정불화가 점입가경이다 싶을 바로 그때, 또 일이 터졌다. 장남 르우벤이 밀밭에서 합환채를 발견했다. 성경 시대 사람들은 합환채가 최음제이자 다산 능력이 있다고 믿었다.[1] 르우벤은 합환채를 가져와 어머니 레아에게 주었다. 라헬이 합환채 이야기를 듣고는 레아에게 좀 달라고 했다.

"레아가 대답했다. '내게서 남편을 빼앗아간 것으로는 부족하더냐?'"(창 30:15, 메시지)

이즈음 야곱은 하루 종일 라헬과 함께했기에, 레아는 혼자서 잠자리에 들었다. 합환채가 간절했던 라헬은 언니와 계약을 맺었다.

"만일 언니가 나에게 그 합환채를 주시면 오늘 밤은 언니가 내 남편의 잠자리에 들 수 있습니다"(창 30:15, 현대인의 성경).

어찌 된 일인지 나는 주일학교에서 이 이야기를 듣지 못한 것 같다. 핵심을 말하자면, 라헬이 언니에게 남편과의 잠자리를 알선하는 이야기다. 한 단계 더 깊이 들어가자면, 자신이 아직 찾지 못한 것을 간절히 바라고 있는 두 여인의 이야기다. 두 사람 모두 결핍이 있었다. 한 사람은 애정을 원했고 한 사람은 아이를 원했다.

그렇다면 야곱은? 내가 틀렸다면 지적해주길 바란다. 하지만 내가 보기에 그는 아무것도 모르는 것 같다. 약간의 리더십은 크게 해가 되지 않았을 것이다. 그가 라반에게 강력히 저항하거나, 레아 편을 들거나, 자매 사이에 휴전을 주선하거나, 몸종을 데려왔을 때 "이건 선을 넘었네! 해도 너무 해!"라고 말했다면 얼마나 좋았을까.

하지만 이 사내는 아무것도 하지 않았다. 너무 무심했다. 썩은 생선처럼 흐리멍덩한 눈을 하고 있을 뿐이었다. 어쩌면 그는 이 모든 상황에 갇혀 옴짝달싹 못 한다고 느꼈는지도 모른다. 고향 브엘세바를 떠난 나그네. 삼촌의 계약 노예 신세. 두 아내와 두 대리모의 등쌀에 항상 시달리는 기분. 칠 년 사이 열두 자녀의 출생. 주위에는 온통 아이들과 혼돈뿐이었다.

난장판이 따로 없다.

왠지 익숙하지 않은가?

이 장을 쓰는 동안 친구에게 전화가 왔다. 친구가 "요즘 무슨 일 해?"라고 묻기에 "야곱의 미친 가족 이야기를 읽고 있어"라고 대답해주었다. 내 말이 채 끝나기도 전에 그가 끼어들었다.

"그래도 우리 집만큼은 아닐걸."

무슨 말인지 십분 이해한다. '역기능 가족'이라는 표현의 문제점은 제대로 기능하는 가족이 있다고 전제하는 것이다.

야곱 이야기가 놀라울 뿐 아니라 희한하게 안심이 된다고 생각하는 이들이 얼마나 많을까? 때가 되면 야곱은 이스라엘 백성을 대표하게 될 것이다. 그의 천성 때문이 아니라, 그의 천성에도 불구하고 말이다. 성경은 그의 추문을 눈가림하거나 약점을 얼버무리거나 인간적인 모습을 숨기려 애쓰지 않는다. 나는 불화와 갈등이 가득한 가정을 사용하시는 하나님의 능력에서 희망을 본다.

우리 집 옷장에는 액자에 넣은 엑스레이 사진이 있다. 양말을 정리하거나 셔츠를 고를 때면 액자에 시선이 간다. 이상한가? 나도 안다. 사람들은 달력이나 좋아하는 문구를 걸어두곤 한다. 하지만 우리 집에는 액자에 넣은 엑스레이 사진이 있다. 거기에는 사연이 있다.

이 사진은 부러진 고관절의 횡단면을 찍은 것이다. 교통사고로 두 동강이 난 고관절의 사진이다. 문외한인 내가 봐도 뼈 사이에 5밀리미터 정도의 공간이 눈에 띈다. 이 골절은 피해자가 입은 여러 골절 중 하나에 불과했다. 엑스레이를 살펴본 의사들은 이 여성이 살 수 있을지 염려했다. 아이 생명도 위험했다. 엄마 배 속의 칠 개월짜리 태아가 엑스레이 중앙에 위치해 있다. 다행히 자기 주변의 골절은 의식하지 못한 채 부러진 뼈 사이를 떠다니고 있었다.

이 사진을 내게 준 마이클 워스 박사는 응급실에서 이 사진을 보았던 그날 밤을 기억한다.

"다들 고민에 빠졌습니다. '엄마와 아이 모두 살릴 수 있을까요? 그럴 수 없다면, 엄마를 살리고 아이를 포기해야 하는 걸까요, 엄마를 포기하고 아이를 살려야 하는 걸까요?'"

의료진은 선택할 필요가 없었다. 엄마는 살아서 무사히 아이를 낳았고 마이클 박사는 그날을 잊지 않기 위해 엑스레이 사진을 간직했다.

하나님은 깨어짐을 통해 생명을 주신다. 깨진 가정, 깨진 마음, 깨진 꿈, 깨진 사람들을 통해서도 주신다. 우리는 압박을 받고 금이 간다.

에서처럼 우리도 자신을 갉아먹는 욕구에 굴복한다. 야곱처럼 우리도 나쁜 일을 공모하고 통제한다. 누가 깨진 그릇을 쓰고 싶겠는가? 그런데 그 깨진 그릇을 하나님은 원하신다. 그 은혜는 절대 그치지 않는다.

야곱 집안 이야기를 읽고 이렇게 묻는 사람이 있을지도 모른다.

"영웅은 없나요? 도대체 누구를 본받아야 하죠? 이 엉망진 창 일부다처제 가정에서 구세주는 누구인가요?"

정답은 "하나님!"이다. 우리 눈에는 서로 안아주기보다 으르렁거리는 시간이 더 많은 가족만 보이지만, 하나님은 그분의 힘을 드러낼 기회를 보신다.

"내 능력을 잘 지켜보아라."

하나님은 흠이 많은 사람을 사용하셨고 지금도 사용하신다. 하나님은 아브라함에게 그의 자손이 땅의 티끌과 하늘의 별과 같게 하겠다고 약속하셨다. 아브라함에게서 이 세상의 가장 위대한 인물이 탄생할 것이다. 이 희한하고 별난 사람들을 통해 천국의 이야기가 들려지고 전해질 것이다. 하나님은 그들에게 약속하셨고, 그 약속을 절대 깨뜨리지 않으셨다.

그 좋은 예가 야곱 가문이다.

하나님은 역기능 가족을 사용하실 수 있고, 고치기까지 하신다. 제대로 기능할 수 있다. 사랑하겠다는 좋은 의도가 현실로 이루어질 수 있다. 하나님은 그 어떤 것도 치유 모드로 바꾸실 수 있으시며, 기적의 가능성을 벗어난 가족은 없다.

드디어 라헬이 임신했다. 합환채 덕이었을까? 아니다, 하나님 덕이었다.

"그때에 하나님께서 라헬을 기억하셨다. 하나님께서 그녀의 말에 귀 기울이시고, 그녀의 태를 열어주셨다. 그녀가 임신하여 아들을 낳고는, '하나님께서 나의 수치를 없애주셨다' 하고 말했다. … 아이의 이름을 요셉(더하다)이라고 했다"(창 30:22-24, 메시지).

다툼과 거드름, 싸움과 경쟁과 비교, 사랑의 묘약, 대리모 작전, 애정 결핍과 무자녀로 인한 눈물 가운데서도 하나님은 역사하고 계셨다. 그때 하나님은 그분의 말씀을 전하셨다.

그리고 지금도 전하고 계신다.

내 인생의
눈엣가시

당신 삶에 있는 '라반'에 대해 이야기해보자. 물론 라반이 없는 게 낫다. 더 즐거운 무언가, 누군가에 대해 이야기하는 게 낫다. 당신의 라반은 결코 유쾌한 존재가 아니다.

당신의 라반은 까다로운데다 광견병에 걸린 투견처럼 예민하다.

당신의 라반은 남을 음해하고 마치 호텔 조리사가 달걀을 깨듯 약속을 깬다.

당신의 라반은 잘 속인다. 그는 언제나 옷소매에 패를 숨기거나 거짓말을 일삼는다.

당신의 라반은 교묘히 조종한다. 그는 당신을 치켜세워 원하는 것을 얻은 뒤 다른 사람에게 옮겨갈 것이다.

당신의 라반은 추앙받기 좋아한다.

"내가 내 얘기 하는 것도 지겹네. 넌 어때? 네가 내 얘기 좀 해봐."

당신의 라반은 당신 삶의 편도선에 자리 잡은 연쇄상구균이다. 당신은 라반 없는 하루를 원하지만 라반에게서 벗어날 수가 없다. 당신의 라반은 사돈이고 직장 상사다. 당신의 라반은 사무실 옆자리에 앉아 있거나 같은 팀에서 뛰고 있다.

당분간 라반 없는 미래는 선택할 수 없다. 아마도 당신은 도대체 왜 하나님이 당신에게 라반을 보내셨는지 의아할 것이다.

야곱은 라반을 위해 일한 오천백십 일 동안 적어도 하루에 한 번은 그 질문을 던졌다. 무려 십사 년이었다! 그는 라반에게서 벗어날 수 없었다. 맙소사, 야곱은 라반의 딸들과 결혼했던 것이다.

원래 약속은 칠 년이었지만 라반은 결혼식 날 밤, 야바위꾼 같은 속임수로 라헬을 언니 레아와 바꿔치기했다. 야곱은 칠 년 더 일하는 수밖에 없었다.

성경에서 7이라는 숫자는 종종 '완전함'을 뜻한다. 가축시장에서 가축을 거래하듯 딸들을 거래한 남자를 위해 최저임금도 못 받고 일한 야곱은 완전 바보가 된 기분이었을 테니, 적절한 상징이 아닐 수 없다.

거듭 이어진 칠 년의 기간 동안, 야곱은 가족만이 아니라 골칫거리도 배가 되는 것을 깨달았다. 그는 아들 열하나와 딸 하나를 얻었는데 레아에게서 일곱, 라헬에게서 하나, 라헬의 종 빌하에게서 둘, 레아의 종 실바에게서 둘을 얻었다. 라반의 집에 빈손으로 왔던 야곱은 스트레스로 가득한 십사 년이 지나고 나서도 골칫거리만 늘었을 뿐 은행 잔고는 늘지 않았다.

라반이 육 년 동안 열 차례나 야곱의 품삯 계산 방식을 변경한 끝에 야곱은 빈털터리가 되었다(창 31:41-42 참조). 하나님은 이런 식으로 자녀들에게 보상하시는가? 하나님은 이런 식으로 약속을 지키시는가? 하늘에 닿은 사다리에 무슨 일이 일어난 것인가? 사다리를 오르락내리락하던 천사들은 어디로 갔는가? 그들 중 하나라도 라반을 끄집어내 다른 누군가의 삶으로 던져버릴 수는 없는 것인가?

이 혼란한 와중에 하나님은 어디 계시는가?

그 답은 꿈의 형태로 왔다. 기묘한 꿈이었지만, 꿈이 종종 그렇지 않은가. 야곱은 레아와 라헬에게 꿈 이야기를 들려주었다.

그 양 떼가 새끼 밸 때에 내가 꿈에 눈을 들어 보니
양 떼를 탄 숫양은 다 얼룩무늬 있는 것과
점 있는 것과 아롱진 것이었더라
꿈에 하나님의 사자가 내게 말씀하시기를
야곱아 하기로 내가 대답하기를 여기 있나이다 하매
이르시되 네 눈을 들어 보라 양 떼를 탄 숫양은
다 얼룩무늬 있는 것, 점 있는 것과 아롱진 것이니라

라반이 네게 행한 모든 것을 내가 보았노라

나는 벧엘의 하나님이라

네가 거기서 기둥에 기름을 붓고 거기서 내게 서원하였으니

지금 일어나 이곳을 떠나서

네 출생지로 돌아가라 하셨느니라 창 31:10-13

얼룩무늬나 점 있는 것, 아롱진 양 떼 같은 아리송한 말들은 잠시 접어두자. 그 내용은 중요하기 때문에 잠시 후에 다시 살펴보겠지만, 하나님이 야곱에게 알려주신 깜짝 놀랄 소식에 비하면 덜 중요하다.

"라반이 네게 행한 모든 것을 내가 보았노라."

"나는 너를 외면하지 않았고 너의 곤경을 잊지 않았다. 너의 간구를 묵살하지 않았다. 내가… 보았다!"

야곱에게는 두 가지 선택권이 있었다. 하나님을 신뢰하거나 불안해하거나. 야곱은 천국의 존재를 믿거나 골칫거리들의 존재에 주의를 기울일 수 있었다. 야곱이 자신의 문제에 집중했으리라고 추측한다 해도 아무도 당신을 비난하지 않을 것이다. 야곱은 지금껏 믿음을 보여줄 만한 행동은 거의 하지 않았다.

하지만 이제 곧 그 남자의 변화, 좋은 변화(비록 일시적이더라도)를 보게 될 것이다. 이 말을 하기까지 십오 년이 걸렸다! 우

리는 이 사기꾼이 형에게 사기를 치고 아버지를 속인 후에 도망자가 되어 라반의 집에 들어선 것을 보았다. 마치 엎어진 퍼즐 상자처럼 뒤죽박죽된 이야기에서, 사랑과 술에 흠뻑 취한 사랑꾼이 엉뚱한 신부 곁에서 잠이 깨는 것을 보았다. 아내들이 옥신각신하며 마음이 상할 때, 말없이 앉아 있던 수동적인 남편을 보았다. 그리고 그가 심은 대로 거두는 것을 보았다.

그러나 마침내 야곱의 마음속 무언가가 꿈틀대기 시작한다. 야곱은 장인에게 사직서를 제출한다.

라헬이 요셉을 낳은 뒤에, 야곱이 라반에게 말했다.
"제가 고향으로 돌아가게 해주십시오. 장인어른을 섬기고 얻은 제 아내들과 자식들을 제게 주십시오. 제가 장인어른을 위해 얼마나 열심히 일했는지 장인어른도 잘 아십니다."
라반이 말했다.
"맞는 말이네. 내가 점을 쳐보니, 하나님께서 자네 때문에 내게 복을 주셨다는 것을 알겠더군."
그러고는 이렇게 말을 이었다.
"내가 얼마를 주면 좋을지 정해보게. 내가 자네에게 주겠네."

창 30:25-28, 메시지

라반은 믿음의 사람이 아니었다. 그는 하나님을 찾지 않았다. 그럼에도 라반은 매년 더 부유해졌다. 그 까닭을 알지 못했던 라반은 "점을 쳐서" 이유를 알려 했다. 타로 카드를 확인하고 손금 보는 사람을 찾아갔다. 주사위를 굴리고 점괘를 보았다. 결국 그는 라반 가문이 야곱 때문에 번성한 것을 알게 되었다.

"하나님께서 자네 때문에 내게 복을 주셨다"(창 30:27, 메시지).

라반과 함께하는 삶은 "우리가 과연 어떤 변화를 만들고 있는가"라는 의문을 남기기도 한다. 사실은 우리가 아니라 하나님이 만들고 계시다! 우리가 어딜 가든, 우리는 하나님의 축복, 다른 사람들의 삶으로 흘러가는 축복을 지니고 간다.[1] 얼마나 좋으신 하나님인가! 하나님은 이 세상 라반들까지도 축복하기 원하시고, 이를 위해 야곱을 사용하신다.

야곱이 장인에게 말했다.

"제가 한 일이 장인어른께 얼마나 가치가 있었는지, 제가 장인어른의 가축을 돌보는 동안 가축이 얼마나 불어났는지, 장인어른도 잘 아십니다. 제가 여기 왔을 때만 해도 장인어른의 재산이 보잘것없었으나 이제는 크게 불어났습니다. 제가 한 모든 일이 장인어른께는 복이 되었습니다. 이제는 제가 제 가족을 위해 무언가를 해야 하지 않겠습니까?"(창 30:29-30, 메시지)

다시 말해, 이런 뜻이다.

"장인어른, 제가 장인어른 사업을 구멍가게에서 수백억대

기업체로 일구었습니다. 제가 손대는 것마다 여호와께서 축복하셨지요. 제 지시에 따르니 장인어른 재산이 몇 배로 늘었습니다. 하지만 이제는 제 가족을 돌봐야 할 때가 되었습니다."

테니스 라켓의 줄마냥 꼬장꼬장한 라반은 이렇게 물었다.

"그래, 내가 자네에게 무엇을 해주면 되겠나?"

야곱이 말했다.

"아무것도 해주지 않으셔도 됩니다. 다만 이렇게 하면 어떻겠습니까? 제가 목장으로 돌아가서 장인어른의 가축 떼를 돌보겠습니다. 오늘 모든 가축 떼를 샅샅이 살펴서, 얼룩지거나 점이 있는 양과, 검은 새끼 양과, 점이 있거나 얼룩진 염소들을 골라내십시오. 그것들이 제 품삯이 될 것입니다. 그리하면 장인어른께서 제 품삯을 조사하실 때 저의 정직함을 확인하실 수 있을 것입니다. 장인어른께서 얼룩지지 않고 점이 없는 염소나 검지 않은 양을 발견하시면, 제가 그것을 훔친 것으로 아셔도 좋습니다." 창 30:31-33, 메시지

아까 그 꿈을 기억하는가? 꿈속에서 하나님은 야곱에게 얼룩지거나 점이 있거나 아롱진 것을 모아 양 떼를 만들라고 하셨고 야곱은 순종했다. 그는 자신의 품삯으로 점이 있는 양과 염소 몇 마리를 달라고 제안했다. 라반은 자기 귀를 의심했다. 야곱이 빈털터리가 된 것은 당연했다. 몇 마리 안 되는 얼

룩진 양과 염소로는 절대 부자가 될 수 없다.

라반은 야곱이 바보라고 생각했다. 그러나 야곱은 믿음으로 행동하고 있었다.

라반이 말했다.
"좋네. 그렇게 하지."
그러나 라반은 그날로 얼룩지고 점이 있는 숫염소와 얼룩지고 점이 있는 암염소와 검은 양과 흰색 기미가 도는 가축까지 모두 가려내어, 자기 아들들 손에 맡겨 돌보게 했다. 그런 다음 자신과 야곱 사이에 사흘 거리를 두었다. 그동안 야곱은 라반의 남은 가축 떼를 돌보았다. **창 30:34-36, 메시지**

야곱이 양 떼를 가려낼 기회를 얻기도 전에 라반은 얼룩지고 점이 있는 양들을 없애버렸다. 그는 자기 아들들과 종들과 함께 잽싸게 언덕 위아래로 다니며 검고 점이 있는 양들을 잡아챘다. 그러고는 그 양들을 사흘 거리의 먼 목초지로 보내버렸다. 결국 야곱은 약속받은 품삯의 일부만 받게 되었다. 희대의 사기꾼 라반이 야곱을 또 속였다

거만으로 한껏 가슴이 부푼 라반이 우쭐대면서 낙타를 타고 몸을 흔들며 혼잣말하는 모습을 상상할 수 있지 않은가?

"야곱, 아마도 너의 하나님이 이번엔 너를 잊으셨나 보다."

야곱이 라반을 닦아세우기 일보 직전인 모습을 상상할 수 있지 않은가? 라반은 결혼식에서 야곱을 속이는 것만으로는 충분하지 않았다. 아무런 대가 없이 야곱에게 강제 노동을 시킨 것만으로는 충분하지 않았다. 사위를 이용해 먹은 것만으로는 충분하지 않았다. 라반은 야곱을 거의 빈털터리로 만들어야만 했다!

그러나 야곱은 분노로 대응하지 않았다. 오히려 자기 양 떼를 모으는 작업을 시작했다.

"야곱은 미루나무, 감복숭아나무, 버즘나무의 싱싱한 가지들을 꺾어다가 껍질을 벗겨 흰 줄무늬가 드러나게 했다. 그는 껍질을 벗긴 가지들을 가축 떼가 물을 먹으러 오는 여물통 앞에 세워두었다. 짝짓기 때가 된 가축들이 물을 마시러 와서 줄무늬가 있는 나뭇가지들 앞에서 짝짓기를 했다. 그렇게 짝짓기를 한 것들은 줄무늬가 있거나 점이 있거나 얼룩진 새끼들을 낳았다"(창 30:37-39, 메시지).

지금 무슨 일이 벌어지고 있는가? 미신인가? 민간전승인가? 아니면 야곱이 시대를 앞서간 것인가? 그렇게 생각하는 학자들도 있다.

"최근에 … 야곱이 나뭇가지 껍질을 벗겨서 당시 식수에 들어 있던 어떤 성분을 노출했을 수도 있다는 가능성이 제시되었다. … 그로 인해 양 떼가 임신한 새끼들의 색깔이 변했다."[2]

이후 육 년 동안 야곱은 이런 독특한 번식 계획을 실행에 옮겼다.

"야곱은 점점 더 부자가 되었다. 낙타와 나귀는 말할 것도 없고, 상당히 많은 양 떼와 종들을 손에 넣게 되었다"(창 30:43, 메시지).

하나님은 야곱의 믿음에 보상하셨다! 하나님은 라반을 사용하셔서 하나님을 신뢰하는 법을 야곱에게 가르치셨다. 야곱은 라반을 좋아하지 않았고 그를 떠나고 싶었다. 하지만 라반 때문에 더 좋은 사람이 되었다.

라반은 야곱의 메기였다. '메기와 대구'라는 말을 검색해보면, 출처는 불분명하지만 통찰력 있는 이 이야기를 찾아볼 수 있다.

어부들이 대구를 시장까지 운반할 방법을 찾느라 고심하고 있었다. 대구를 얼려봤더니 맛이 없어졌고, 바닷물이 든 수조에 담아 옮기려 했더니 오랜 시간 움직이지 않은 대구는 흐물흐물한 곤죽이 되었다. 마침내 어떤 이가 방법을 찾아냈다. 대구의 천적인 메기를 이용한 것이다. 메기 한 마리를 수조에 넣었더니 운반하는 시간 내내 메기는 대구를 쫓아다녔고, 결과적으로 대구를 신선하게 배달할 수 있었다.

훌륭한 이야기다. 어부들이 메기를 사용한다는 증거는 없지만, 하나님이 사용하신다는 증거는 차고 넘친다.

야곱 이야기에서는 라반이 야곱의 메기다.

당신은 어떤가? 하나님이 야곱에게 하신 말씀을 당신에게도 하고 계시지는 않을까?

"나는 지금 무슨 일이 벌어지고 있는지 안다. 조작, 불공평, 네 감정이나 미래를 묵살하는 것도 알고 있지. 나는 그런 현실과 너를 본다. 이 경험을 이용해 너를 훈련하고 있단다."

하나님은 이런 식으로 일하신다. 성경은 이렇게 설명한다.

"여러분이 겪는 이 고난은 벌이 아니라, 자녀라면 당연히 겪게 마련인 훈련입니다. … 하나님께서는 진정으로 우리에게 최선이 되는 일을 하고 계시며, 우리를 훈련시켜 하나님의 거룩하심을 따라 최선을 다해 살아가도록 하십니다"(히 12:8,10, 메시지).

당신은 지금 훈련받고 있는가?

야곱처럼 당신도 하나님의 소망을 전달하는 시스템의 일부다. 당신은 하나님의 언약을 전달하는 사람이다. 하지만 당신에게도 야곱처럼 연약함과 결점이 있다.

그래서 "하나님은 자기의 선한 목적에 따라 여러분이 자발적으로 행동하도록 여러분 안에서"(빌 2:13, 현대인의 성경) 일하신다. 하나님은 "여러분에게 온갖 선한 것을 공급해주셔서 자기 뜻을 행하게 하시고 예수 그리스도를 통해 그분이 기뻐하시는 일을 우리 안에서 하시기를" 바란다(히 13:21, 현대인의 성경).

우리는 다듬어지지 않은 원석이고 하나님은 보석공이시다.
우리는 구부러진 목재이고 하나님은 목수이시다.

당신을 성가시게 하는 사람들에게 투덜대기보다는 그들을
있는 모습 그대로, 하나님의 훈련 도구로 바라보라. 하나님
은 당신에게 그분을 신뢰하라고 가르치신다. 하나님이 당신
에게 줄무늬 양을 약속하지는 않으셨다. 다만 이렇게 약속하
셨다.

- 즐거움의 기름을 부어주겠다(시 45:7).
- 그리스도 예수 안에서 영광 가운데 그 풍성한 대로 너희
  모든 쓸 것을 채우겠다(빌 4:19).
- 곧 후히 되어 누르고 흔들어 넘치도록 너희를 축복하겠
  다(눅 6:38).
- 족한 은혜를 주겠다(고후 12:9).
- 모든 것이 합력하여 선을 이루게 하겠다(롬 8:28).
- 너를 치려고 제조된 모든 연장을 쓸모없게 하겠다(사
  54:17).
- 사막에 강을 내겠다(사 43:19).
- 길이 없는 곳에 길을 내겠다(사 43:16).
- 슬픔이 변하여 기쁨이 되게 하겠다(시 30:11).

- 네 상처 입은 마음을 싸매겠다(시 147:3).

언젠가 어딘가에서 누군가 당신의 피를 끓어오르게 할 것이다. 그 사람이 라반 같은 진짜 악질은 아니더라도, 때로는 당신과 가장 가까운 사람들이 모욕적인 말을 내뱉기도 할 것이다. 그럴 때, 이성적이지 않은 방법으로 보복하고 싶은 유혹이 있을 것이다. 하지만 그런 유혹에 굴복하지 말라. 라반의 방식으로 라반과 싸우지 말라. 하나님을 향한 믿음으로 라반에 대응하라.

야곱이 그랬다. 육 년이 지나 충분한 부를 축적한 야곱은 라반이라면 진절머리가 났다. 그래서 짐을 꾸려 가나안으로 떠났다.

라반은 야곱을 뒤쫓아가서 그를 도둑이라고 비난했다. 이십 년에 걸친 좌절이 총알을 뿜어내는 곡사포처럼 야곱에게서 쏟아져 나왔다.

내가 이 이십 년을 외삼촌과 함께하였거니와
외삼촌의 암양들이나 암염소들이 낙태하지 아니하였고
또 외삼촌의 양 떼의 숫양을 내가 먹지 아니하였으며
물려 찢긴 것은 내가 외삼촌에게로 가져가지 아니하고
낮에 도둑을 맞았든지 밤에 도둑을 맞았든지

외삼촌이 그것을 내 손에서 찾았으므로

내가 스스로 그것을 보충하였으며

내가 이와 같이 낮에는 더위와 밤에는 추위를 무릅쓰고

눈 붙일 겨를도 없이 지냈나이다

내가 외삼촌의 집에 있는 이 이십 년 동안

외삼촌의 두 딸을 위하여 십사 년,

외삼촌의 양 떼를 위하여 육 년을 외삼촌에게 봉사하였거니와

외삼촌께서 내 품삯을 열 번이나 바꾸셨으며

우리 아버지의 하나님, 아브라함의 하나님

곧 이삭이 경외하는 이가 나와 함께 계시지 아니하셨더라면

외삼촌께서 이제 나를 빈손으로 돌려보내셨으리이다마는

하나님이 내 고난과 내 손의 수고를 보시고

어제 밤에 외삼촌을 책망하셨나이다 **창 31:38-42**

야곱은 자신에게 주어진 십사 년을 채웠다. 손실을 감수했고 궂은 날씨를 견뎠으며 힘든 시간을 헤쳐나갔다. 라반은 반대하지 않았다. 아니, 반대할 수 없었다. 야곱은 라반과 함께한 시간을 견뎌냈을 뿐만 아니라 번창했다. 야곱의 믿음도 더 깊어졌다. 그는 세상 모든 사람이 듣도록 선언했다.

"하나님이 내 고난을 보셨다."

하나님은 라반을 사용하여 야곱을 준비시키셨다.

하나님은 당신의 라반을 사용하여 당신을 준비시키고 계시는가?

당신은 라반 없는 삶을 원할 것이다. 누군들 그렇지 않겠는가?

하지만 라반이 없는 인생은 없다. 요즘 수조를 누비며 당신을 쫓는 누군가가 있다면 기억하라. 하나님은 이상한 사람들을 이용해 자기 백성에게서 최선을 끌어내신다.

이렇게 해보자. 하나님께 당신의 라반에 대해 말씀드리자. 하나님께 여쭈어보자.

"주님, 이 메기를 통해 제게 어떤 교훈을 가르치고 계십니까?"

이렇게도 해보자. 하나님께 당신의 라반에 대해 감사하자.

"너희가 여러 가지 시험을 당하거든 온전히 기쁘게 여기라 이는 너희 믿음의 시련이 인내를 만들어내는 줄 너희가 앎이라"(약 1:2-3).

라반들 때문에 머리를 쥐어뜯고 싶을 수도 있다. 하지만 그들 때문에 하나님을 더 간절히 찾게 될지도 모른다. 그것은 매우 귀중한 축복이다. 그러니 살다가 또다시 라반을 만나게 된다면… 그땐 어떻게 해야 할지 알 것이다!

당신의 라반은 영원히 머무르지 않을 것이다. 야곱처럼 당신이 자유로워지는 날도 금세 올 것이다. 그때까지 하나님의 목적과 약속을 신뢰하자.

그 덕에 당신은 더 나은 사람이 될 테니까.

chapter
08

자신과
대면하기

- 당신은 자신의 경력을 살릴 수 있는 수단이 있다고 생각했다. 더 오래 일하고 더 많은 고객에게 전화하고 더 많이 노력했다. 한동안은 그런 노력이 먹혔지만 곧 벽이 무너져내렸다. 경제가 급격히 악화했다. 회사는 파산했고 당신도 같이 죽자며 위협한다. 갑자기 당신의 세계가 통제 불능 상태로 빙빙 도는 것을 느낀다.

- 결혼 생활은 언제나 힘들었지만 당신 부부는 그럭저럭 잘 버텨왔다. 하지만 결혼이라는 다리가 조금씩 무너지고 있다. 더는 감당하기 힘들고 희망도 사라지고 있다. 지난 몇 주간 당신 부부는 거의 말을 하지 않았다. 같은 집에 살지만 동상이몽을 하고 있다. 이 결혼은 마치 레슬링 경기 같다.

- 당신은 중독 문제를 비밀로 해왔다. 겉으로는 술에 안 취한 척하는 데 도가 텄다. 어떤 보드카를 마시고 어떤 구강청결제를 사용해야 하는지 알고 있다. 스스로 감당

할 수 있다고 믿었다. 그런데 정지신호를 보지 못했다. 이제 자동차는 부서졌고 당신도 그렇다. 그동안은 감방 내부가 어떤지 전혀 몰랐지만 오늘 밤 알게 될 것이다.

인생에는 세상이 곧 바뀌려 한다는 것을 알게 해주는 변곡점이 있다. 인생에 타임 스탬프(문서를 보내거나 받은 시각을 문서에 찍는 도장 – 역자 주)를 찍는 사건들. 결정을 내려야 하는 교차로. 이쪽으로 갈까? 아니면 저쪽으로 갈까? 누구에게나 그런 때가 있다. 당신도, 나도, 야곱도 그랬다. 야곱의 교차로에는 얍복이라는 이름이 붙었다.

이 무렵 야곱은 라반에게 작별을 고하고 메소포타미아를 등졌다. 야곱은 힘센 형을 피해 지팡이 하나만 손에 쥔 도망자 신세로 그곳에 왔었다. 이십 년 뒤, 야곱은 네 아내와 아들 열하나 그리고 딸 하나와 함께 그곳을 떠났다. 그는 한 무리의 종과 양, 소, 염소, 낙타 떼를 이끌었다.

야곱이 그 기간에 에서에 대해 생각했는지는 전해지지 않는다. 하지만 틀림없이 생각했을 것이다. 집에 돌아갔을 때 자기를 기다리고 있을 분노를 두려워했을 것이다. 그는 형에게 장자권을 속였고 에서를 일족의 웃음거리로 만들었다. 야곱이 에서의 이름을 마지막으로 들었을 때 그는 공포에 휩싸였다. 어머니는 경고했다.

"네 형이 너를 죽이기 전에 얼른 떠나거라!"

에서는 야곱을 죽이고도 남을 사람이었다.

이제 그 형이 대지주가 되었다. 형의 가족은 수백 명이 되었고 가축은 수천 마리를 헤아렸다. 야곱은 에서의 호의가 없으면 가나안에서 살아남을 수 없었다. 에서는 복수를 결심할까? 아니면 지나간 일은 지나간 대로 내버려둘까?

얍복 근처 요단강 동편에 있는 언덕을 지나 남쪽으로 향하는 야곱의 마음속에 이런 걱정이 있었다.

그래서 하나님은 야곱에게 확신을 주셨다. 하나님은 야곱을 둘러싸고 있는 천군을 드러내 보이셨다.

"야곱도 자기 길을 갔다. 하나님의 천사들이 그를 만났다. 야곱이 그들을 보고 '하나님의 진이다!' 하고 말했다. 그리고는 그곳의 이름을 마하나임(진영)이라고 했다"(창 32:1-2, 메시지).

여기에 '진영'이라고 쓰인 단어는 성경 다른 곳에서 수십만 군인을 묘사할 때 등장한다(대상 12:22 참조). 야곱은 가나안을 떠날 때 천사들을 만났고(창 28:12 참조) 돌아오는 길에 또다시 천사들을 만났다. 줄지어 늘어선 수많은 천사가 오로라의 무지갯빛 물결처럼 하늘에서 움직였다. 형에게 종들을 먼저 보낼 용기를 야곱에게 준 것은 아마 천사들의 존재였을 것이다.

그들에게 명령하여 이르되
너희는 내 주 에서에게 이같이 말하라
주의 종 야곱이 이같이 말하기를 …
사람을 보내어 내 주께 알리고
내 주께 은혜받기를 원하나이다 하라 하였더니 **창 32:4-5**

야곱의 표현이 귀에 들어오는가? "내 주 에서…", "내 주께
알리고…", "내 주께 은혜받기를 원하나이다…." 야곱은 적어
도 말로는 겸손하게 자비를 간청했다. 그의 호소가 어떤 차이
를 만들어냈는가? 다음 구절을 읽고 당신의 생각을 알아보자.

심부름꾼들이 야곱에게 돌아와 말했다.
"주인님의 형님이신 에서께 주인님의 소식을 전했습니다. 그분은
주인님을 맞이하러, 부하 사백 명을 거느리고 오시는 중입니다."
창 32:6, 메시지

헉. 무사 사백 명이 그를 향해 몰려왔다. 하지만 전혀 문제
가 되지 않는다. 천군이 야곱 위에 맴돌고 있었기 때문이다.
그런데 야곱은 정신을 가다듬고 가족들에게 두려워하지 말라
고 말한 뒤 앞으로 나아갔는가? 아닌 것 같다.

야곱은 몹시 두렵고 겁이 났다. 당황한 그는, 일행과 양과 소와 낙타 떼를 두 진으로 나누고 나서 생각했다.

"에서 형님이 한쪽 진을 치면, 다른 쪽 진은 달아날 기회가 있을 거야." **창 32:7-8, 메시지**

아, 야곱은 얼마나 변덕이 심한지 모르겠다. 조금 전까지만 해도 천사들과 함께 있었는데, 순식간에 군인들에 놀라버렸다. 우리의 영웅 야곱은 장황하게 말만 많다.

하지만 야곱을 너무 심하게 나무라지 않도록 빨리 다음 단락으로 넘어가자. 우리도 알다시피 야곱은 이십 년 만에 처음으로 기도를 드렸다. 그것도 아주 멋진 기도를!

내 조부 아브라함의 하나님,
내 아버지 이삭의 하나님 여호와여
주께서 전에 내게 명하시기를
네 고향, 네 족속에게로 돌아가라
내가 네게 은혜를 베풀리라 하셨나이다
나는 주께서 주의 종에게 베푸신 모든 은총과 모든 진실하심을
조금도 감당할 수 없사오나
내가 내 지팡이만 가지고 이 요단을 건넜더니
지금은 두 떼나 이루었나이다

내가 주께 간구하오니 내 형의 손에서,

에서의 손에서 나를 건져내시옵소서

내가 그를 두려워함은 그가 와서 나와 내 처자들을 칠까

겁이 나기 때문이니이다 **창 32:9-11**

이 야곱은 누구인가? 그는 마치 하나님의 선하심에 의지하는 사람처럼 기도한다. 라반을 통해 교훈을 얻은 것인가? 그는 하나님께 그분이 하신 약속을 일깨워드렸다. 자신이 하나님의 변함없는 은혜와 신실하심을 누릴 자격이 없으며, 자신의 막대한 부가 하나님 덕분이라고 인정했다. 그 후, 몇 번이고 되풀이해서 이렇게 말했다.

"만약 저를 돕지 않으시면 저는 엉망진창이 됩니다."

야곱은 유혈 사태를 피하고자 필사의 노력을 기울였다. 그는 에서에게 선물을 보내기 시작했다. 염소, 암양, 숫양, 낙타, 암소, 황소, 나귀 무리를 차례대로 보냈다. 대략 오백오십 마리 동물을 여섯 무리로 나누어 보냈다.

야곱은 자기 종들에게 에서에게 가서 이렇게 고하라고 지시했다.

"주인님의 종 야곱이 저희 뒤에 오고 있습니다"(창 32:20, 메시지).

여기에 쓰인 히브리어 '종'은 열등한 지위를 인정하는 말로[1] 마치 야곱이 이렇게 말하는 것과 같았다.

"저는 바보 멍청이입니다. 형님이 우리 가족 중 최고이십니다."

선물은 곧 전달되었고 야곱은 모든 사람을 강 건너로 보낸 다음에 홀로 남아 밤을 보냈다.

내 생각에 그다음 상황은 거룩한 순간의 전당에 들어갈 만하다. 시내산의 모세, 갈멜산의 엘리야, 요단강과 갈보리산의 예수님처럼 말이다. 당신도 당신만의 목록을 만들어보라. 나도 만들어볼 예정인데, 우리 목록에는 모두 얍복 강가의 야곱을 넣기로 하자.

얍복. 강 이름 자체에 힘이 느껴진다. 얍! 퍽! 야곱은 밤새도록 '얍' 하는 기합과 함께 '퍽퍽' 두들겨 맞을 참이다.

야곱이 홀로 뒤에 남았는데, 어떤 사람이 그를 붙잡고 동이 틀 때까지 씨름했다. 그 사람은 야곱을 이길 수 없음을 알고는, 일부러 야곱의 엉덩이뼈를 쳐서 탈골시켰다. 그 사람이 말했다.

"동이 트려고 하니 나를 놓아다오."

야곱이 말했다.

"저를 축복해주시지 않으면 놓아주지 않겠습니다."

그 사람이 물었다.

"네 이름이 무엇이냐?"

야곱이 대답했다.

"야곱입니다."

그 사람이 말했다.

"아니다. 이제 네 이름은 더 이상 야곱이 아니다. 네가 하나님과 씨름하여 이겼으니, 이제부터 네 이름은 이스라엘(하나님과 씨름한 자)이다." 창 32:24-28, 메시지

이 단락은 이 구절이 묘사하고 있는 낯선 사람만큼이나 신비롭다. 이 대목에서 내 상상력을 한번 발휘해본다.

누군가 야곱의 목덜미를 움켜잡아 바닥에 내동댕이쳤다. 야곱은 벌떡 일어나 그 사람에게 달려들었고, 두 사람이 쓰러질 때까지 야곱은 그의 어깨로 상대방의 복부를 파고들었다. 낯선 사람은 야곱을 뿌리치더니 그를 덮쳤고 야곱의 어깨를 진흙투성이 둑에 짓눌렀다.

두 사람은 엎치락뒤치락 싸웠다. 얍복 강물이 밀려들고 밤바람이 울부짖을 때, 두 사람은 낑낑대며 팔꿈치를 밀치고 긁고 할퀴고 상대방 위에 걸터앉고 씨름했다. 목을 바짝 끌어안은 채로 말이다.

야곱이 우세하다가,

낯선 사람이 우세하다가 했다.

야곱이 도망치려 하자 낯선 사람이 그를 잡아끌었다. 진흙으로 온몸이 미끌거리고 피부는 땀으로 젖었다. 두 사람은 아무 말 없이 종마처럼 헐떡거리며 가젤처럼 뛰어올랐다. 분노

가 희미해진다. 뒤집고 미끄러지고 피하며 씨름한다.

야곱은 언제나 자신의 문제를 스스로 처리했다. 그는 광야를 거닐며 살아남지 않았던가? 라반과 그의 속임수를 견뎌내지 않았던가? 재산과 일족을 이루지 않았던가? 그는 자신만의 싸움을 했다. 영리하고 똑똑하고 약삭빨랐다. 그는 최고가 되는 삶을 살았고 앞으로도 그럴 것이다.

하지만 낯선 남자는 물러서지 않았다.

시간은 흐르고 그들은 밤새도록 씨름을 계속했다. 마침내 야곱은 먼 언덕에서 출렁이는 일출을 보았다.

"자기가 야곱을 이기지 못함을 보고 그가 야곱의 허벅지 관절을 치매 야곱의 허벅지 관절이 그 사람과 씨름할 때에 어긋났더라"(창 32:25).

이 낯선 사람은 누구인가? 야곱은 나중에 이렇게 말했다.

"내가 하나님과 대면하여 보았으나 내 생명이 보전되었다"(창 32:30).

야곱이 실제로 하나님을 이겼을까? 하나님이 입장을 밝히기 전까지 그 대답은 "그렇다"이다.

하나님은 야곱이 이기는 것처럼 보일 때까지 그가 싸우게 하셨다. 그러고는 한 방에 그의 엉덩이뼈를 탈골시켜 야곱이 다리를 절며 가족들에게 돌아가게 하셨다. 마치 하나님이 이렇게 말씀하시는 것 같다.

"야곱, 그 정도면 됐다."

하나님은 야곱이 한 번도 느껴본 적 없던 힘으로 그를 치셨다. 야곱은 땅바닥에 나동그라져 깨어지고 겸손해졌다.

야곱의 부상이 상징하는 바가 있다. 엉덩이는 몸무게를 지지하는 가장 큰 관절이며 가장 튼튼한 근육과 맞물려 있다. 그런데 이것이 낯선 사람의 손길에 어긋나버렸다. 게다가 야곱이 엉덩이에 입은 손상은 단순한 관절 손상보다 더 심각했다. 본문에 사용된 단어는 매우 중요한 장기를 나타낸다.[2] 그 손길은 야곱의 남성성을 새롭게 정의했다.

이 탈골이 던지는 메시지는 무엇일까?

"너는 네가 생각하는 만큼 강하지 않다. 나를 의지하라."

당신도 얍복 강가의 진흙이 익숙한가?

나는 그렇다. 내 일기에 그 강의 이름은 나오지 않는다. 하지만 일기 내용은 내가 하나님과 씨름했던 순간들에 대하여 분명하게 말하고 있다.

내가 쉰 살 무렵이던 이십여 년 전, 가장 극적인 사건 중 하나가 있었다. 보통 사람들 눈에는 내가 세계 최고로 보였을 것이다. 매주 새 신자가 늘어나서 새로 지은 교회 성전이 미어터졌다. 교회는 부채가 거의 없었고 목사인 나는 훌륭히 사역하고 있었다.

실제로 우리 교회는 샌안토니오 관광 명소 목록에 이름을 올렸다. 여행사에서는 관광객을 버스에 태워 보내 예배에 참석하도록 했다. 〈크리스채너티 투데이〉(Christianity Today)라는 잡지사에서 기자를 보내 나를 소개하는 기사를 썼다. 그 기자는 나를 "국민 목사"라고 불렀다. 〈리더스 다이제스트〉(Reader's Digest)는 나를 "미국 최고의 설교자"로 지명했다.

모든 일이 원활하게 돌아가고 있었다. 나는 설교를 책으로 냈고 출판사에서는 그 책들을 대형 행사로 기획했다. 어린이를 위한 책을 쓰고 어린이용 비디오를 촬영했다. 정말 멋졌다!

하지만 내가 엉망진창이었다는 건 아무도 몰랐다.

교회 직원들이 발버둥을 치고 있었고 각 부서는 서로 싸우고 있었다. 천박한 이메일이 미사일처럼 날아들었고 교역자들은 예산을 놓고 경쟁했다. 소중한 직원 몇몇이 긴장감에 지쳐서 조용히 퇴직했다. 담임목사였던 까닭에 상황 정리는 오롯이 내 몫이었다.

하지만 교회 내부 문제를 고민할 시간이 어디 있었겠는가? 나는 설교를 준비해야 했다. '주일'의 문제점은 그것이 매주 돌아온다는 것이다! 게다가 나는 주중 기도회를 인도했고 매주 새벽 남성 모임에서 가르쳤다. 사방에서 마감일이 다가오고 있었다. 생각하고 기도하고 공부할 시간이 필요했다.

더군다나(혹은 그 결과로) 건강도 나빠졌다. 내 심장은 마치

모스 부호처럼 불규칙하고 일관되지 않게 뛰었다. 심장내과 전문의는 내게 심방세동 진단을 내리고 약을 처방한 뒤 일을 줄이라고 말했다. 하지만 어떻게 그럴 수 있겠는가?

직원들은 내가 필요했다.

강단은 나를 원했다.

출판사는 내게 의존하고 있었다.

온 세계가 나를 바라보고 있었다.

그래서 나는 자연스레 술을 마시기 시작했다.

물론 아무도 보지 않는 곳에서 마셨다. 편의점에서 대용량 맥주캔을 사서 종이봉투에 숨기고 그것을 허벅지에 바짝 붙인 다음 아무도 보지 못하게 서둘러 문을 나서는 남자가 바로 나였다. 눈에 띄지 않으려고 멀찍이 떨어진 가게를 골랐다. 차에 앉아 종이봉투에서 맥주캔을 꺼낸 다음 그날의 날카롭고 힘든 일들이 무뎌질 때까지 그 액체를 마구 들이켰다.

이것이 바로 "국민 목사"가 미쳐 돌아가는 자신의 세상에 대처하는 방법이었다.

나중에 깨달았지만, 나의 얍복강은 주차장이었다. 그 씨름 경기는 봄날 오후 한 시간 가까이 계속되었다. 나는 모든 일을 통제하고 있다고 하나님께 말씀드렸다. 직원 문제, 원고 마감, 스트레스, 음주도 잘 감당할 수 있다고 말씀드렸다. 하지만 그때 진실의 순간이 찾아왔다. 하나님은 내 엉덩이를 치지는 않으셨지만 내 마음에 이렇게 말씀하셨다.

'정말이냐, 맥스? 모든 일이 완벽하고 잘 통제되고 있다면서 왜 주차장에 숨어서 누런 종이봉투에 숨겨 온 맥주를 홀짝이고 있지?'

얍복. 그곳은 하나님이 당신으로 하여금 당신 자신, 그리고 당신이 싫어하는 것을 직면하게 하시는 곳이다.

얍복. 있는 힘을 다해도 당신 힘으로는 원하는 것을 얻지 못한다는 것을 깨닫게 된다.

얍복. 엉덩이를 한 번만 쳐도 당신을 무릎 꿇게 하실 수 있다.

압복. 얍. 퍽.

그러나 그 순간에, 특별히 그 순간에 하나님은 은혜를 베푸셨다. 야곱에게 그다음에 어떤 일이 일어났는지 보자.

그 사람이 그에게 이르되 네 이름이 무엇이냐
그가 이르되 야곱이니이다 **창 32:27**

당신이 보는 성경에는 이 질문과 대답 사이에 빈틈이 거의 없다. 하지만 나는 실제 시간에는 존재했을 멈춤, 길고 고통스러운 멈춤을 감지한다.

"네 이름이 무엇이냐?"

대답은 한마디뿐이지만 야곱은 목이 메어 그 말을 내뱉지 못한다.

"제… 이름은… 야곱… 입니다."

이것은 고백이었다. 야곱은 하나님께 자신이 정말로 "야곱"이라고, 발뒤꿈치이며 협잡꾼, 사기꾼, 똑똑한 사업가라고 인정하고 있다.

"그게 바로 저, 야곱입니다."

그가 이르되 네 이름을 다시는 야곱이라 부를 것이 아니요
이스라엘이라 부를 것이니
이는 네가 하나님과 및 사람들과 겨루어 이겼음이니라 **창 32:28**

새 이름을 얻는 장면치고는 매우 뜻밖이다. 더군다나 이 이름이 등장하는 순간으로는 어울리지 않는다.[3] '이스라엘'은 '하나님이 싸우신다' 혹은 '하나님이 분투하신다'라는 뜻이다. 이 이름은 하나님의 능력과 충성을 기념하였고, 기념하고 있다.

과거의 야곱은 자신을 위해 싸웠다. 과거의 야곱은 자신의 기지와 책략, 빠른 발놀림에 의존했다. 야곱은 스스로 자신을 돌봤다. 하지만 새로운 야곱은 하나님이라는 새로운 힘의 근원을 얻었다. 이날 이후로 야곱은 자기를 소개할 때마다 하나님의 임재를 떠올리게 될 것이다.

"안녕하세요, 제 이름은 '하나님이 싸우신다'입니다."

저녁 식사 때마다 야곱을 부르는 소리도 기분 좋은 알림이 될 것이다.

"'하나님이 싸우신다', 밥 먹을 시간이에요."

야곱의 이메일 주소는 'godfights@israel.com'으로, 그의 명함을 받는 모든 사람이 "하나님이 싸우신다"라는 이스라엘의 진정한 능력을 떠올릴 것이다. 그의 옛 이름은 옛 자아를 반영했지만, 새 이름은 새로운 힘을 반영했다.

"하나님이 싸우신다."

얼마나 큰 은혜인가.

하나님은 그 은혜를 나에게까지 베푸셨다. 그것도 아주 풍성하게. 나는 장로들에게 나의 위선을 고백하였고 그들은 훌륭한 목자들이 하는 일을 하였다. 그들은 나를 기도로 감쌌고 내가 많은 요구 사항에 대처할 수 있도록 계획을 세워주었다. 나는 신도들에게 나의 문제를 인정했고 그렇게 해서 나와 같은 유혹과 싸웠던 교인들과 십여 차례 대화를 갖게 되었다.

더 이상 교회 주차장에 관광버스는 보이지 않지만 그래도 괜찮다. 가끔 맥주를 마시긴 해도 스트레스를 관리하기 위해서가 아니라 오직 맛을 즐긴다. 누군가 "국민 목사"라는 별명을 언급하면 이런 이미지가 떠오른다. 편의점 주차장에 있는 피곤하고 쓸쓸한 목사의 이미지 말이다.

과거

프레드 스노드그래스(Fred Snodgrass)는 특별한 삶을 살았다. 팔십 년 넘게 살면서, 그는 프로야구 선수로 구 년을 뛰었다. 그는 목장주와 은행가로 성공했고 캘리포니아주 옥스나드 시장으로 재직했다. 그는 가정적인 남자의 전형이자 모범 시민이었다.

그러나 그가 1974년 세상을 떠났을 때, 부고 기사 제목은 그의 업적을 강조하지 않았다. 〈뉴욕타임스〉(The New York Times)는 그의 가장 유명한 실패를 알렸다.

"프레드 스노드그래스, 86세, 1912년 실수로 뜬 공을 놓친 야구 선수 사망."[1]

사실이다. 스노드그래스는 1912년 월드시리즈 마지막 경기에서 뜬 공을 떨어뜨렸다. 그가 10회에 뜬 공을 잡았더라면 뉴욕 자이언츠가 우승했을 것이다. 하지만 스노드그래스는 공에서 눈을 뗐고 공은 땅에 떨어졌다. 그의 실책은 2실점에 이은 경기 패배와, 무덤까지 그를 따라갈 실수로 이어졌다.

우리도 똑같은 실수를 했다.

야구 경기장은 아니지만, _____에서.

빈칸을 채워보겠는가?

- 결혼 생활
- 사업
- 젊은 시절
- 자녀 양육

우리는 공을 놓치지는 않았지만, 배우자를 실망시켰고 자신의 허점을 드러냈으며 부채가 걷잡을 수 없이 늘어났다. 우리는 경기에서 패배했다는 오명을 가지고 살지는 않지만, 분열된 가족이나 상처받은 마음, 화가 많이 난 형과 함께 살고 있다.

야곱의 경우가 그랬다.

그와 에서는 쌍둥이였는데, 알다시피 야곱이 자궁 밖으로 나오는 데 걸린 시간만큼 나이 차가 난다. 야곱은 2등을 해서 화가 났고, 상황을 뒤집을 기회가 생기자 그것을 놓치지 않았다. 배가 고프고 기분이 변덕스러운 에서를 발견한 야곱은 죽한 그릇과 장자의 권리를 바꾸자고 에서를 설득했다. 야곱은 자신이 원하는 것을 성취했지만, 그것을 얻기 위해 인연을 끊어버렸다.

우리가 마지막으로 에서를 보았을 때, 그의 마음속에는 화산 용암 같은 분노의 폭풍이 몰아치고 있었다. 그는 야곱에 대해 이렇게 중얼거렸다.

"그 녀석의 이름이 야곱, 발뒤꿈치라고 불리는 것은 다 이유가 있었군요. 지금까지 그 녀석은 저를 두 번이나 속였습니다. 처음에는 제 장자의 권리를 빼앗아가더니, 이제는 제가 받을 복까지 빼앗아갔습니다." …

에서는 아버지가 야곱을 축복한 일 때문에 야곱에 대한 분노로 들끓었다. 그는 "내 아버지의 죽음을 애곡할 때가 가까워지고 있다. 그때가 되면 내가 동생 야곱을 죽여버리겠다"고 마음을 먹었다.

창 27:36,41, 메시지

야곱은 에서의 분노를 풍문으로 전해 듣고 에서의 화가 사그라들 때까지 숨어 있으려고 높은 산으로 줄행랑을 쳤다. 그러나 이제는 형을 대면할 시간이었다.

하나님이 야곱에게 말씀하셨다.

"네 조상의 땅 네 족속에게로 돌아가라 내가 너와 함께 있으리라"(창 31:3).

그 땅으로 돌아가려면 야곱은 에서가 사는 지역으로 돌아가야 했다. 더는 숨을 수 없었다. 더는 도망칠 수 없었다. 그 대면을 피하면 야곱은 만족했을지 모르지만, 하나님은 그렇지 않으셨다. 에서와의 대면은 영적으로 반드시 필요했다.

야곱은 미래로 나아가기 위해 과거와 대면해야 했다.

성경에 나오는 영웅 가운데 야곱 일대기에만 불미스러운 이야기가 나오는 것은 아니다. 모세는 애굽 사람을 죽여서 손에 피를 묻혔다(출 2:12 참조). 아브라함은 아내에 대해 거짓말을 했는데 자기 목숨을 부지하려고 아내가 여동생인 척했다(창 12:12-13 참조). 엘리야 선지자는 어느 날은 불을 내릴 만큼 믿음이 있었지만, 다음 날엔 스스로 몸을 숨길 만큼 두려움에 떨었다(왕상 18-19장 참조). 에스더는 용기 있는 태도를 보였지만 이전에는 그렇지 않았다. 에스더는 왕에게 자신이 유대인이라는 사실을 숨겼다(에 2:20 참조).

당신의 과거에 오점이 있는가? 베드로도 공감할 것이다. 그리스도께 베드로가 가장 필요했던 그날 밤, 그는 예수님의 이름을 저주했다(마 26:69-75 참조). 바울에게도 감추고 싶은 비밀이 있었다. 우리가 사모하고 공부하고 암송하는 많은 말씀을 쓴 사도에게 비밀이 있다고? 그는 직접 이렇게 고백했다.

"나는 이 '도'를 따르는 사람들을 박해하여 죽이기까지 하였고, 남자든 여자든 가리지 않고 묶어서 감옥에 넣었습니다"(행 22:4, 새번역).

바울은 적극적으로 "교회를 없애려고"(행 8:3, 새번역)했다. '없애다'라는 뜻의 헬라어는 잔인하고 가학적인 학대를 의미한다.[2] 바울의 공격성은 단순한 판단 실수나 젊은 날의 무분별한 행동이 아니었다.

모세는 손에 피를 묻혔다.
아브라함은 뻔뻔한 거짓말쟁이였다.
엘리야는 겁쟁이였다.
야곱은 거짓말쟁이에 사기꾼이었다.
에스더는 자신의 신앙을 비밀로 했다.
베드로는 배신자였다.
바울은 살인자였다.

그런데도 하나님은 그들 모두를 사용하셨다. 그들은 자신의 미래를 하나님께 맡기기로 했고, 그렇기에 그들의 과거가 더는 그들을 지배할 수 없었다.

하나님은 우리의 추악한 시절(들)에 진저리를 내지 않으신다. 하나님이 도우신다면 우리도 바울이 한 말을 할 수 있다.

"오직 한 일 즉 뒤에 있는 것은 잊어버리고 앞에 있는 것을 잡으려고 푯대를 향하여 그리스도 예수 안에서 하나님이 위에서 부르신 부름의 상을 위하여 달려가노라"(빌 3:13-14).

바울은 자신의 과거를 과거로 남겨두고 미래를 바라보았다. 당신도 그렇게 하고 싶은가? 그렇다면 야곱의 이야기를 잊지 않도록 메모해두라.

에서를 대면하는 대망의 그날, 하나님께 흠씬 두들겨 맞아 곤죽이 된 야곱은 다리를 절며 진영으로 돌아왔다.

"에서가 사백 명의 장정을 거느리고 오고 있는지라"(창 33:1).

들판 너머 저 멀리 에서가 보였다. 몸집이 크고 건장한 형은 사병들보다 열댓 걸음 앞서 걷고 있었다. 에서의 수염은 여전히 붉었고 팔뚝도 여전히 굵었다. 그는 등에는 활과 화살통을 메고 있었다. 닥스훈트 야곱과 도베르만 에서의 대결이었다.

그다음 몇 가지 행동을 보면 옛 야곱과 새 이스라엘 중 누가 상황을 지휘했는지 궁금해진다.

야곱은 가족들을 먼저 내보냈다. 어머니에 따라 자녀들을 구분한 다음에 순서대로 배치했다. 우선, 몸종인 빌하와 실바. 다음은 그가 원하지 않았던 아내 레아. 마지막으로 그가 사랑했던 아내 라헬과 아들 요셉을 배치했다. 그게 무슨 의미인지 모르는 사람은 없었을 것이다. 이것은 '야곱'의 결정이었다.

하지만 바로 그다음에 새 '이스라엘'의 조짐이 보였다.

"자기는 그들 앞에서 나아가되 몸을 일곱 번 땅에 굽히며 그의 형 에서에게 가까이 가니"(창 33:3).

어리석은 야곱이었다면 도망쳐 숨었을지도 모른다.

하지만 절뚝거리는 이스라엘은 신뢰할 수밖에 없었다. 그는 고대 궁정의 왕 앞에 나온 신하처럼 엎드렸다. 두어 걸음 나아가 코와 이마를 땅에 댔고, 다시 몇 걸음 나아가서는 얼굴을 땅에 댔다. 야곱은 다섯 번 더 땅바닥으로 몸을 낮췄다. 극단적인 비굴함이다. 그러자 난데없이 "에서가 달려와서 그를 맞이하여 안고 목을 어긋맞추어 그와 입맞추고"(창 33:4) 서로 울었다.

에서가 장자의 권리를 버렸을 때, 성경 기자는 그 순간을 다섯 개의 강렬한 동사로 묘사했다.

"먹으며… 마시고… 일어나… 갔으니… 가볍게 여김이었더라"(창 25:34).

그리고 이제 화해의 순간, 성경 기자는 정반대 감정이 실린 다섯 개 동사를 재빨리 내뱉는다.

"달려와서… 안고… 어긋맞추며… 입맞추고… 우니라."

에서는 이스라엘이 숨이 막힐 정도로 그를 꼭 끌어안았다가 얼굴을 볼 수 있을 만큼 충분히 오래 풀어주었다. 이십 년 만에 처음으로 쌍둥이 형제의 눈길이 마주쳤다.

두 사람 모두 두 눈에 눈물이 고여 흘러내렸다.

안도감에 눈물을 흘렸다.

용서하며 눈물을 흘렸다.

새로운 시작, 새 출발의 가능성에 눈물을 흘렸다.

에서는 동생이 집에 돌아와서 눈물을 흘렸다.

이스라엘은 자신의 과거와 대면했지만, 그 과거가 자신의 삶을 지배할 수 없음을 깨닫고 눈물을 흘렸다.

하나님은 야곱보다 앞서가셨다. 벧엘의 약속을 지키셨다. "내가 너와 함께 있어 네가 어디로 가든지 너를 지키며 너를 이끌어 이 땅으로 돌아오게 할지라 내가 네게 허락한 것을 다 이루기까지 너를 떠나지 아니하리라"(창 28:15).

이 여정은 하나님의 명령으로 시작되어 그분의 섭리로 이루어졌다. 하나님은 천사를 보내셔서 야곱을 그 땅으로 맞아들이셨고 새 이름으로 야곱을 축복하셨다. 하나님은 야곱에게서 인간의 힘을 벗겨내시고 하나님을 의지하게 하셨다. 또한 하나님은 에서의 마음을 부드럽게 하셨다. 이 이야기는 야곱의 무용담이 아니다. "인간을 사랑하시고 결점이 있는 사람들을 통해 그분의 계획을 실행하고자 하는 전능하신 하나님의 한결같은 헌신"에 관한 이야기다. [3)]

하나님은 야곱이 자신의 과거를 대면하게 도우셔서 야곱을 미래로 인도하셨다.

우리에게도 똑같은 도우심이 필요하지 않은가?

우리는 다음과 같은 바울의 말에 공감할 수 있다.

"원함은 내게 있으나 선을 행하는 것은 없노라 내가 원하는 바 선은 행하지 아니하고 도리어 원하지 아니하는 바 악을 행하는도다 … 오호라 나는 곤고한 사람이로다 이 사망의 몸에서 누가 나를 건져내랴"(롬 7:18-19,24).

바울의 과거는 헤어나기 힘든 늪이었다. 몸부림칠수록 더 깊이 가라앉았다. 그가 곧 가라앉을 것 같다고 우리가 생각하던 바로 그때, 그는 이렇게 선언했다.

"우리 주 예수 그리스도로 말미암아 하나님께 감사하리로다 … 그러므로 이제 그리스도 예수 안에 있는 자에게는 결코 정죄함이 없나니"(롬 7:25; 8:1).

바울은 죄책감으로부터 자유로운 곳을 발견했다. 예수님을 통하자 모든 사슬과 족쇄가 벗겨져 땅에 떨어졌다. 바울은 자신의 과거를 넘어섰다. 살인자, 교회 분열자, 자칭 위선자에게 쉬운 일은 아니다. 그러나 바울은 자신의 미래를 하나님께 맡기고 앞으로 나아갔다.

당신도 그렇게 하라.

"만일 우리가 우리 죄를 자백하면 그는 미쁘시고 의로우사 우리 죄를 사하시며 우리를 모든 불의에서 깨끗하게 하실 것이요"(요일 1:9).

이 구절에서 누가 능동적인지 주목하라.

"그는 미쁘시고 의로우사 … [그는] 우리 죄를 사하시며 … [그가] 우리를 깨끗하게 하실 것이요."

우리 죄의 해결은 우리가 하는 일이 아니라 하나님이 하시는 일이다. 당신이 한 일을 그리스도께 자백하라. 구체적으로, 아무것도 숨기지 말라. 너무 오래되었거나 사악하거나 사소한 죄는 없다. 당신이 그 무게를 감당하지 않아도 된다. 예수님만이 그 죄를 없애실 수 있다. 그렇게 해달라고 간구하라. 당신의 죄책감이 마치 돌덩이인 듯 그것을 손에 들고 예수님께 건네라.

"예수님, 이걸 받아주시겠어요?"

예수님이 어떤 대답을 하실지 당신도 알 것이다.

"수고하고 무거운 짐 진 자들아 다 내게로 오라 내가 너희를 쉬게 하리라"(마 11:28).

폴 헥스트롬(Paul Hegstrom)은 이 초대를 받아들였다. 그의 과거는 부끄러웠다. 그는 결혼하고 일주일도 안 되어 아내를 때리기 시작했다. 격렬한 분노는 거의 매주 폭력으로 이어졌다. 아이들이 생기자 그는 아이들도 때렸고, 십육 년의 결혼 생활 끝에 그의 아내는 그를 포기하고 떠나버렸다.

그는 이혼하고도 정신을 차리지 못했다. 통제되지 않은 분노가 모든 관계를 하나씩 파괴했다. 한 여성은 그를 살인 미수 혐의로 고소하겠다고 협박했다. 그제야 헥스트롬은 정신을 차렸다. 그는 자기 분노의 근원을 찾기 시작했고 상담을 받았다. 가장 중요한 것은, 그가 하나님을 만났다는 것이다.

헥스트롬은 자신이 망가뜨렸던 관계들을 조금씩 회복하기 시작했다. 그 과정은 지난했다. 사람들의 신뢰를 얻는 데는 시간이 필요했다. 결국 그의 아내는 다시 그를 사랑하게 되었고 두 사람은 재결합했다.

야곱이 이스라엘이 된 것처럼, 과거의 폴 헥스트롬은 새사람이 되었다. 그의 삶은 새로운 방향을 찾았다. 그는 분노와 학대의 악순환에 빠진 남성들을 돕는 사역을 시작했다.[4]

내 설명이 분명하지 못했을 수도 있으므로, 에서 사건이 주는 메시지를 다시 이야기하겠다. 하나님이 도우시지 않으면 당신은 당신의 과거를 넘어설 수 없다. 하나님이 없다면 당신은 과거를 정당화하거나 부정하거나 피하거나 억압할 것이다. 하지만 하나님이 도우시면 당신은 앞으로 나아갈 수 있다.

이제 그렇게 할 시간이다. 하나님이 당신에게 가장 큰 복을 허락하실 것이다.

"그런즉 누구든지 그리스도 안에 있으면 새로운 피조물이라 이전 것은 지나갔으니 보라 새것이 되었도다"(고후 5:17).

당신은 더 이상 야곱이 아니다. 이스라엘이다. 하나님이 당신을 위해 싸우신다.

당신은 더 이상 가짜 힘으로 뽐내지 않고 하나님의 능력 안에서 절뚝거릴 것이다.

당신은 더 이상 에서를 두려워할 필요가 없다. 하나님이 당신보다 앞서가셨다. 하나님이 길을 예비하시고 그 길을 잘 닦아놓으셨다.

당신의 에서, 당신의 과거는 이제 당신의 형제다. 그를 끌어안으라. 그리고 기쁨의 눈물을 흘리라.

세겜의
그늘에서

어떻게 하더라도 이번 장을 재미있게 만들 방법은 없을 것 같
다. 아무리 화장을 진하게 해도 멍든 자국은 가릴 수 없다.
아무리 페인트를 덧칠해도 썩은 곳은 가릴 수 없다. 아무리
향수를 뿌려도 악취는 숨길 수 없다. 암퇘지 귀로 비단 지갑
을 만든다고? 불가능한 일이다.

그러니 주의하자. 야곱 이야기에서 이번 사건은 날 것 그 자
체다. 세겜 사건에는 성범죄자, 광범위한 속임수, 신성모독,
유혈 사태, 대량 학살이 등장한다. 주일학교 시간에 들을 수
있는 이야기는 아니다. 하지만 분명 인생의 비극적인 요소다.

성경은 인간 본성의 추악한 이면에 대해 솔직하게 이야기
한다. 마음대로 하게 내버려두면 인간의 마음은 사악해진다.
그렇기에 역사는 세겜 학살과 같은 끔찍한 사건을 마주하게
된다.

이 이야기는 들쭉날쭉한 면이 많은 돌칼처럼 조잡한 이야기
다. 다시 말하지만, 읽기 쉬운 이야기는 아니지만 놓치기엔 아

까운 경고다. 벧엘에 축복이 있는데 세겜에 안주하지 말라.

하나님이 라반의 고향에서 야곱에게 내리신 명령은 이보다 더 분명할 수 없었다.

"나는 벧엘의 하나님이라 네가 거기서 기둥에 기름을 붓고 거기서 내게 서원하였으니 지금 일어나 이곳을 떠나서 네 출생지로 돌아가라"(창 31:13).

여행 일정은 벧엘로 돌아가는 편도 여정이었다. 어딘가를 경유할 필요도 없었고 목적지 근처에서 멈추라는 지시도 없었다. 야곱의 '오늘 할 일' 목록에는 벧엘로 가라는 한 가지 항목만 있었다. 그렇다면 우리는 다음 두 구절을 어떻게 설명해야 할까?

> 야곱이 밧단아람을 떠나, 가나안 땅의 세겜 성에 무사히 이르러서, 그 성 앞에다가 장막을 쳤다. 야곱은, 장막을 친 그 밭을, 세겜의 아버지인 하몰의 아들들에게서 은 백 냥을 주고 샀다. **창 33:18-19, 새번역**

세겜은 벧엘에서 고작 30킬로미터 남짓 떨어져 있었다.[1] 야곱은 라반에게서 도망친 이후로 거의 800킬로미터를 이동했다. 눈앞에 목적지가 있었다. 그런데 야곱은 갑자기 멈췄다.

그는 왜 세겜 그늘에 장막을 쳤을까? 고고학 발굴에 따르면, 그 당시 세겜은 "눈에 띄는 요새 도시였다. (세겜) 성벽이

약 2만 4천 제곱미터 크기 도시를 둘러싸고 있었기에 아마도 500-1,000명 정도의 인구가 거주했을 것이다.[2] 세겜은 무역로가 교차하는 곳에 위치한 고대 상업의 중심지였다.

흙먼지를 뒤집어쓴 채 여행에 지친 야곱과 그의 유목민 무리가 장막을 치기로 결정하는 모습은 쉽게 상상할 수 있다. 물이 아닌 다른 것을 마시고 싶고 가족이 아닌 다른 사람들과의 대화가 간절했다. 그들은 요단강 동쪽 가나안 고원에 멈춰섰고 세겜 사람들을 만났다. 몇 가지 사업을 했고 친구도 사귀었다. 그리고 그들은 땅을 구입했다.

그러나 야곱은 이 모든 선택을 후회하며 살았다.

"레아가 낳은 야곱의 딸 디나가 어느 날 그 땅 여자들을 방문하러 나갔는데"(창 34:1, 현대인의 성경).

디나는 열다섯 살쯤 되었다.[3] 디나는 레아의 일곱 번째 자녀이자 막내로, 야곱의 외동딸이었다.

외출 결과는 최악이었다.

"히위 사람 하몰의 아들이며 그 지역 추장인 세겜이 그녀를 보고 끌고 가서 강간하였다"(창 34:2, 현대인의 성경).

세겜은 왕의 아들로 그 도시와 똑같은 이름을 가지고 있었다. 악당에다가 깡패인 그의 도덕성은 물고기 배설물보다도 못했다. 세겜은 디나를 자기 집에 가두었다(창 34:26 참조). 그는 디나에게 집착했다. 세겜은 야곱의 딸을 모욕했을 뿐만 아니라 자기 아버지에게 이렇게 말했다.

"이 여자를 내 아내로 맞게 해주십시오"(창 34:4, 현대인의 성경).

남성우월주의에 빠진 멍청이들이나 이런 상황에서 이런 말을 내뱉는 법이다.

결국 디나가 강간을 당했다는 소식이 야곱에게도 도달했다.

"자기 아들들이 들에서 양을 치고 있었으므로 그들이 돌아올 때까지는 침묵을 지키기로 하였다"(창 34:5, 현대인의 성경).

야곱이 침묵을 지키기로 했다고?! 냉담한 무관심이나 얼음 같은 냉정함이 아닌, 세인트 헬레나 화산급 폭발을 예상했건만.

하지만 디나의 오빠들은 아주 수동적이지는 않았다. 상황을 전해 들은 그들은 "세겜이 해서는 안 될 그런 못된 짓을 하여 이스라엘 사람을 욕되게 했다는 데 대해 놀라움과 분노를 금치 못하였다"(창 34:7, 현대인의 성경). 성경에서 '이스라엘'이라는 이름을 공동체에 사용한 것은 이것이 처음이다. 야곱의 아들들은 그 만행을 하나님 백성에 대적하는 행위로 정확히 파악했다. 분노에 가득 찬 그들은 두 눈을 번득이고 입술을 앙다물었다.

세겜의 아버지 하몰이 야곱의 아들들에게 한 가지를 제안했다.

"내 아들 세겜이 당신의 딸을 마음에 두고 연모하고 있으니 그녀와 결혼하게 해주십시오. 우리와 서로 혼인 동맹을 맺어 당신들의 딸을 우리에게 주고 우리 딸을 당신들이 데려가시오. 당신들은 우리 땅에 정착하여 … 마음대로 매매하며 재산을 소유할 수도 있습니다."

그러자 세겜도 디나의 아버지와 그녀의 남자 형제들에게 이렇게 말하였다.

"나에게 호의를 베풀어주십시오. 당신들이 요구하는 것은 무엇이든지 주겠습니다." **창 34:8-11, 현대인의 성경**

사과는 없었다. 뉘우치는 기색도, 자책하는 말도 없었다. 그 대신 하몰은 형제들의 사리사욕에 호소했다. 디나를 세겜에게 주십시오. 우리 딸들을 당신에게 주겠소. 민족끼리 통혼을 합시다. 소풍과 잔치를 벌입시다. 행복한 대가족을 만듭시다.

야곱은 어땠는가? 죽음과도 같은 침묵을 지켰다. 단 한 순간도 디나의 명예를 옹호하지 않았다. 정당한 분노도 찾아볼 수 없었다. 제발 당신 딸을 위해 일어나시오! 가족을 위해 목소리를 높이시오! 하지만 그는 아무것도 하지 않았다. 야곱은 정말 결혼을 허락할 생각이었을까? 세겜은 가나안 도시였다. 야곱의 기차는 선로를 벗어났다. 그는 감히 이 야비한 여성혐오 행위를 묵과하려는 것일까?

야곱의 아들들은 그렇지 않았다. 여동생이 성폭행을 당했으니 가만히 앉아 지켜보고만 있지는 않을 것이다. 디나의 동복형제인 시므온과 레위가 (곧 명백해지겠지만) 성경에서 가장 어둡고 역겨운 음모 중 하나를 가지고 나섰다. 그들은 세겜과 하몰에게 말했다.

"우리는 그렇게 할 수 없소. 할례받지 않은 사람에게 우리 누이를 줄 수 없단 말이오"(창 34:14, 현대인의 성경).

할례는 하나님이 선택하신 백성을 지명하는 거룩한 행위였다. 믿음의 상징이었다. 하지만 시므온과 레위에게 할례라는 의식은 안중에도 없었다. 복수심만 가득했다.

하몰과 세겜은 "성문께로 나온"(창 34:24, 공동번역) 남자들을 찾아갔다. 그들은 세겜을 대신해 전쟁에 나선 사람들을 뜻했다.[4] 두 사람은 (놀랍게도) 군인들을 설득해 그들의 말에 따르게 했다. 그들은 야곱에게 공격성이 없다고 강조하면서 세겜이 디나를 범한 것은 말하지 않았다. 그리고 그들은 금전적인 이득을 약속했다.

"우리가 이 조건에만 응한다면 그들의 모든 짐승과 재산이 다 우리의 소유가 되지 않겠습니까?"(창 34:23, 현대인의 성경).

욕정, 강간, 속임수, 탐욕. 이 이야기 어디에 속죄의 가능성이 보이는 순간이 있는가?

찾을 수 있다면 찾아보길 바란다.

"모든 남자들이 다 할례를 받았다"(창 34:24, 현대인의 성경).

사흘 뒤, 세겜 사람들이 회복하는 고통 중에 있을 때 시므온과 레위는 횃불과 칼, 곤봉으로 무장했다. 야곱의 아들들은 "칼을 가지고 가서 그 성을 기습하여 모든 남자들을 죽여버렸다"(창 34:25, 현대인의 성경).

한 집도 남겨두지 않았다. 세겜의 군인들은 말이 없었다. 아내들과 딸들이 울부짖었고 아이들은 거리를 헤맸다. 야곱의 아들들은 피범벅이 되었다. 시므온와 레위 일당이 도시를 약탈했다. 여자들을 포로로 붙잡고 아이들을 납치했으며, 가축을 훔치고 상인들의 가게와 무고한 사람들의 집을 약탈했다.

이 얼마나 본능적이고 비열한 행동인가.

야곱은 어땠는가? 그 음모를 저지했는가? 아들들을 막아보려 했는가? 아들들을 호되게 나무랐는가? 도둑질한 물건들을 되돌려놓으라고 요구했는가? 그렇지 않았다. 이 장의 마지막까지 야곱은, 음, 너무나 야곱다웠다. 에서를 이용하고 이삭을 속이고 레아를 무시하게 만들었던 것과 똑같은 고집스러움 그리고 또다시 찾아온 하나님에 대한 기억상실증이 야곱으로 하여금 또 한 번 자기 자신만 생각하게 만들었다.

그러자 야곱이 시므온과 레위에게 말하였다.

"너희가 내 입장을 난처하게 하였다. 이 땅에 사는 가나안 사람들과 브리스 사람들이 나를 증오할 것이다. 우리는 수가 얼마 되지 않는데 만일 그들이 합세하여 공격해온다면 우리 집안은 망하고 말 것이다."

그러나 그들은 "그가 우리 누이를 창녀처럼 취급해도 괜찮다는 말씀입니까?" 하고 대꾸하였다. 창 34:30-31, 현대인의 성경

야곱은 딸의 안전보다 자신의 안위를 더 중요하게 생각했다. 결국 그는 세겜만큼이나 떳떳하지 못했다. 디나는 단 한마디도 하지 않았다. 디나는 최상위 포식자들의 싸움에서 졸(卒)에 지나지 않았다.

하나님은 어떠하셨는가? 아무도 하나님께 지혜를 구하지 않았고 아무도 힘을 달라고 기도하지 않았다. 그래서 야곱은 이스라엘로 불리지 않는다. 그는 새 이름을 얻었지만, 과거의 본성에 따라 행동한다.

그렇게 이야기는 끝난다. 너무나 고통스럽고 처참한 내용이다. 영웅도 없고 감동도 없다. 기분 좋은 설교를 위한 본문으로는 부적절하다. 시편 23편, 산상수훈, 부활절이나 오순절, 우리는 이런 사건들에서 영감을 받는다.

우리는 이 이야기에서 타락을 본다. 왜 이런 이야기가 성경

에 들어 있는가?

간단하다. 우리에게 경각심이 필요하기 때문이다. 하나님의 도우심이 없다면 우리는 완전한 실패자들이다.

인간의 마음은 음침한 곳이다.

"악인의 죄가 그의 마음속으로 이르기를 그의 눈에는 하나님을 두려워하는 빛이 없다 하니"(시 36:1).

"만물보다 거짓되고 심히 부패한 것은 마음이라 누가 능히 이를 알리요마는"(렘 17:9).

세겜에서 살해당한 사람들, 무자비한 형제들, 그들의 살생의 피, 무력한 아버지. 이 모든 것은 우리에게 근본적인 메시지를 상기시켜준다. 하나님을 찾지 않을 때, 새로운 본성을 억압할 때, 사회가 자기보다 높은 그 누구에게도 복종하지 않을 때, 그 결과는 혼돈이다. 우리는 야만인이 되어 약한 사람들을 희생자로 만든다. 마음과 가정과 언약과 약속을 깨뜨린다.

우리는 독이 든 시스템을 만든다.

독이 든 시스템은 사람들이 더 나은 자아를 억압하고 다른 사람들의 등을 밟고 일어서는 시스템이다. 권력과 힘에 보상하고 친절과 은혜를 경시하는 시스템이다. 독이 든 문화는 부족을 만들고 불신을 기반으로 번창한다. 세겜 같은 사회는 인간보다 못하고, 바람직하지 않으며, 가치 없고, 무시무시한 하부 조직을 만든다.

세겜은 독이 든 문화였다.

야곱과 그의 아들들은 독소를 들이마셨다.

바로 한 장 전에 야곱이 천사들을 보고 하나님과 씨름하고 새 이름을 얻고 에서와 관계를 회복하지 않았던가? 그러나 지금은 이렇다. 책장 한 장 넘겼더니 산꼭대기에서 구덩이로 굴러떨어졌다.

사람의 마음이 어찌나 빨리 사악해지는지.

분명히 말하지만, 기독교적 관점에서 인류는 귀중하고 값진 존재이며, 영광의 운명을 타고났다. 우리는 하나님의 형상대로 창조되었다. 하나님과 교제하는 존재이며 영원한 안식으로 초대받았다.

하지만 우리는 하나님이 되려고 애쓰느라 우리의 유산을 낭비했다.

우리는 세겜의 그늘에 장막을 쳤다.

세상의 타락을 달리 어떻게 설명할 수 있겠는가? 의과학의 발전, 기술과 의술의 획기적인 발전에도 불구하고 우리는 청동기 시대 조상들과 똑같은 습성을 가지고 싸우고 있지 않은가? 여성들은 여전히 대상화되어 있다. 전 세계 15세에서 49세 사이 여성 세 명 중 한 명은 신체적·성적 폭력의 피해자다.

무려 세 명 중 한 명이다!5)

어떻게 20세기가 역사상 가장 살육이 많은 세기가 되었는
가? 전쟁과 대량 학살로 백 년간 2억 명 이상이 목숨을 잃었
다. 우리는 그 어느 때보다도 많은 사람의 생명을 구하면서 그
어느 때보다도 많은 사람을 학살할 방법을 찾고 있다. 1990
년대의 수단 대학살을 생각해보라. 난징, 소련 굴라크, 아우슈
비츠, 캄보디아 킬링필드에서 벌어진 만행. 르완다 대학살로
삼 개월도 안 되어 팔십만 명이 넘는 투치족이 사망했다.

"이것은 100일 동안 매일 두 번 이상 세계무역센터가 공격
당한 것과 맞먹는다."6)

예수님에 따르면, 이런 폭력 성향은 국경과 조약 위반의 문
제가 아니다. 마음의 문제다.

"마음에서 악한 생각들이 나온다. 곧 살인과 간음과 음행
과 도둑질과 거짓 증언과 비방이다"(마 15:19, 새번역).

천국은 인간의 상태를 호의적으로 평가하지 않는다. 오히
려, 닷새 전 의사가 내게 말했던 예후를 떠오르게 한다.

내가 지금 이 글을 쓰고 있는 나의 상황을 설명할 테니, 내가
어떤 고통을 겪고 있는지 맞춰보라. 나는 우리 집 아래층 방에
있다. 약을 먹고 잠을 잘 때만 위층으로 올라간다. 아내를 제
외하고는 대면한 사람이 없었고 아내는 방호복을 입고 있다.

알아맞혔는가? 그렇다, 코로나19 감염증이다. 어느 순간,

나는 팬데믹을 조금 들이마셨다.

목이 아프고 온몸이 쑤신다. 갑자기 열이 나고 위장이 뒤틀린다. 어떻게든 피하고 싶었던 명단에 내 이름이 추가되었다.

우리 모두는 눈에 보이지는 않지만 치명적인 바이러스와 싸우고 있다. 몸의 바이러스가 아닌 영혼의 바이러스, 코로나가 아닌 죄다. 우리는 모두 양성 판정을 받았다. 감염되었다. 치료하지 않고 내버려둔다면 "죄의 삯은 죽음"(롬 6:23, 새번역)이다.

죄 때문에 하나님과의 관계가 끊어진다. 우리는 하나님을 찾기보다는 부인한다. 하나님의 자녀들을 사랑하기보다는 상처를 준다.

하지만 치료법이 있다! 닷새 전 의사가 말해주었다. 그는 내가 아프다는 말을 거의 하지 않다가 면역 요법에 대해 이야기하기 시작했다.

"환자분께 항체를 주입할 겁니다. 건강한 세포로 환자분의 병든 시스템을 재생하는 거죠."

이것이 죄를 치료하는 하나님의 방법에 대한 예시가 아니라면, '복음'이라는 단어의 뜻을 내가 잘못 이해한 것이다. 예수님은 우리 죄, 영혼의 코로나19 감염증을 담당하셨다. 인류 역사상 유일하게 바이러스에 감염되지 않은 존재인 그분이 스스로 인간의 질병에 감염되셨다.

예수님이 형벌을 받으셔서 우리가 온전해졌다.

그가 입은 상처를 통해 우리가 치유를 받았다 사 53:5, 메시지

죄가 없으신 그리스도께서 죄인들을 위해 한 번 죽으신 것은 죄인인
우리를 하나님께로 인도하시기 위해서입니다 벧전 3:18, 현대인의 성경

감염증을 치료하기 위해 의사는 건강한 세포가 든 링거 주
머니를 내게 연결했다. 우리 죄를 치료하기 위해 하나님 아버
지는 가장 순수한 생명을 우리에게 불어넣으셨다. 바울은 "이
제는 내가 사는 것이 아니라 내 속에 그리스도께서 살아 계십
니다"(갈 2:20, 현대인의 성경)라고 선포했다.

죄가 없고 질병을 예방하며 생명을 주는 그리스도의 보혈이
신자의 정맥 속에 흐른다.

"예수의 피가 우리를 모든 죄에서 깨끗하게 하실 것이요"(요
일 1:7).

하나님은 의사가 내게 해준 것을 우리에게 주신다. 내 상태
에 관한 정직한 평가와 그것을 치료하기 위한 은혜로운 공급
말이다.

하지만 의사의 말은 아직 끝나지 않았다.

"루케이도 씨, 이 병을 퍼뜨리지 않고 얼른 낫고 싶다면 극

단의 조치를 해야 합니다. 열흘 동안 격리하세요."

그래서 나는 지금 여기 앉아 있다. 완전 지루한 닷새째. 내려앉는 잇몸보다 더 느리게 지나가는 시간. 하지만 심각한 상황에서는 심각한 경계가 필요하다.

죄는 이보다 더 많은 주의를 요구하지 않는가?

당신의 세겜은 무엇인가? 어떤 유혹이 당신의 발목을 잡아 벧엘에 가지 못하게 하는가? 어떤 음성이 당신을 유혹하는가? 주의를 분산시키는가? 당신을 운명에서 멀어지게 하는가?

분명히 말하지만, 그리스도라는 선물을 마음에 품으면 당신의 삶은 보장된다. 죄는 당신을 파괴할 수 없다. 하지만 죄는 당신을 넘어뜨리고 함정에 빠뜨리고 꼼짝 못 하게 할 수 있다. 죄가 당신의 구원을 빼앗을 수는 없지만, 당신의 기쁨과 마음의 평화, 안식을 빼앗을 수는 있다.

야곱의 전철을 밟지 말라. 당신이 있어서는 안 되는 곳에서 사업을 하지 말라. 과감하게 행동하라. 넓은 원을 그리며 도시 주변을 걸어보라. 인터넷을 끊고 신용카드를 버려라. '익명의 알코올중독자들'(Alcoholics Anonymous)에 가입하라. 라스베이거스, 뉴욕 등 당신이 젊음을 즐기려고 계획했던 여행을 취소하라. 전화번호를 바꾸라. 여자친구와 헤어져라. 그 남자를 만나지 말라. 세겜의 그늘에 장막을 치지 말라.

모든 지킬 만한 것 중에 더욱 네 마음을 지키라

생명의 근원이 이에서 남이니라

구부러진 말을 네 입에서 버리며

비뚤어진 말을 네 입술에서 멀리하라

네 눈은 바로 보며

네 눈꺼풀은 네 앞을 곧게 살펴

네 발이 행할 길을 평탄하게 하며

네 모든 길을 든든히 하라

좌로나 우로나 치우치지 말고

네 발을 악에서 떠나게 하라 잠 4:23-27

야곱은 떠났다. 거기 머물렀다가는 수적으로 우세한 가나
안 사람들이 보복하여 온 가족을 죽일 거라는 사실을 깨달았
기 때문이다. 야곱은 그곳을 떠나 낙타에 짐을 싣고 벧엘로
향했다. 야곱이 그러고 있을 때 누가 그를 기다리고 있었겠는
가? 아마 다음 장 이야기는 당신 마음에도 들 것이다. 세겜이
추악한 만큼이나 벧엘은 아름다웠다. 그러나 야곱에게는 변
화가 필요했다.

당신도 그렇게 하라. 벧엘에 축복이 있는데 세겜에서 멈추
지 말라.

은혜가
집으로
인도한다

하나님은 분명 야곱에게 질리셨을 것이다.

그가 세겜에서 보낸 시간은 독이 가득한 황무지였다. 무자비하고 비인간적이었다. 야곱은 자기가 누구인지, 하나님이 무엇을 명령하셨는지 잊었다. 그는 벧엘에서 겨우 30여 킬로미터, 조금만 더 가면 순종에 다다를 거리에 있었다. 그러나 야곱은 또 갑자기 멈췄다. 그의 불순종으로 가정은 쑥대밭이 되었다. 강간, 대학살, 신성모독.

창세기 34장은 야곱 이야기 중에서도 최악이다. 하나님이 계시지 않아서가 아니다. 하나님을 찾지 않아서다. 야곱은 또다시 제멋대로 살았고 그에 대해 값비싼 대가를 치렀다.

하나님은 야곱에게 완전히 질려버리셨을 것이다, 그렇지 않겠는가? 이랬다저랬다 하는 사기꾼. 족장에게는 유감스러운 변명이다. 하나님은 분명히 그를 버리고 외면하실 것이다. 그렇다고 누가 하나님을 비난할 수 있겠는가? 하지만 그런 일은 일어나지 않는다.

하나님이 야곱에게 이르시되 일어나 벧엘로 올라가서

거기 거주하며 네가 네 형 에서의 낯을 피하여 도망하던 때에

네게 나타났던 하나님께 거기서 제단을 쌓으라 하신지라 **창 35:1**

하나님은 야곱을 포기하지 않고 오히려 그에게 말씀하셨다! 명령하셨다! 하나님이 먼저 움직이셨다. 창세기 34장은 하나님을 언급하지 않지만, 35장 1-15절에는 하나님의 이름이 (내가 세어보니) 열한 번 등장한다. 야곱의 장막은 여전히 세겜의 그늘에 있었다. 야곱 아들들의 손톱 밑에는 피가 배어 있었고, 죽음의 악취가 허공을 맴돌았다. 야곱과 그의 아들들은 주변의 이교도들처럼 행동했다.

그래도 하나님은 야곱을 찾으셨다. 그리고 야곱도 정신을 차렸다.

야곱이 이에 자기 집안 사람과 자기와 함께한 모든 자에게

이르되 너희 중에 있는 이방 신상들을 버리고

자신을 정결하게 하고 너희들의 의복을 바꾸어 입으라

우리가 일어나 벧엘로 올라가자 내 환난 날에 내게 응답하시며

내가 가는 길에서 나와 함께하신 하나님께 내가 거기서

제단을 쌓으려 하노라 하매 그들이 자기 손에 있는

모든 이방 신상들과 자기 귀에 있는 귀고리들을

야곱에게 주는지라 야곱이 그것들을 세겜 근처
상수리나무 아래에 묻고 그들이 떠났으나
하나님이 그 사면 고을들로 크게 두려워하게 하셨으므로
야곱의 아들들을 추격하는 자가 없었더라 **창 35:2-5**

야곱은 구약성경판 회심의 순간을 경험했다. 그는 가문의 연장자로, 가장 역할을 다시 맡았다. 더 이상 거짓 신은 없다. 더 이상 세겜 사람들과 시시덕거리지 않는다. 더 이상 신념 사이에서 흔들리거나 미적거리지 않는다. 야곱은 다시 고향으로 향했다.

하지만 오늘의 주인공은 야곱이 아니었다. 하나님이 주인공이셨다. 하나님이 야곱을 자극하신 것이지 야곱이 하나님을 찾은 것이 아니었다. 하나님이 야곱을 움직이신 것이지 야곱이 하나님을 움직인 것이 아니었다. 하나님이 개입하신 것이지 야곱이 도움을 구한 것이 아니었다. 야곱은 회개했다. 그랬다. 하지만 하나님이 그의 이름을 부르시고 나서야 그렇게 했다.

하나님은 야곱을 자극하기만 하신 것이 아니라, 그의 새 이름과 그에게 하신 약속을 상기시켜주셨다.

하나님이 그에게 이르시되 네 이름이 야곱이지마는

네 이름을 다시는 야곱이라 부르지 않겠고

이스라엘이 네 이름이 되리라 하시고

그가 그의 이름을 이스라엘이라 부르시고

하나님이 그에게 이르시되 나는 전능한 하나님이라

생육하며 번성하라 한 백성과 백성들의 총회가 네게서 나오고

왕들이 네 허리에서 나오리라

내가 아브라함과 이삭에게 준 땅을 네게 주고

내가 네 후손에게도 그 땅을 주리라 하시고 **창 35:10-12**

야곱은 연거푸 하나님을 잊었지만, 하나님은 단 한 번도 야곱을 잊지 않으셨다. 축복을 약속하셨던 하나님이 축복하셨고, 야곱이 이스라엘이 된 것을 다시 한번 확인해주셨다.

은혜로다. 모든 것이 은혜로다.

당신도 그 은혜를 누려보지 않겠는가?

우리는 날마다 새로운 방식으로 헤매고 방황하는 것 같다. 그렇지 않다고 말하는 사람은 정직에 관한 책을 읽어봐야 할 것이다. 그리스도인의 삶은 어려운 것이 아니라, 불가능한 것이다. 증거가 있냐고? 산상수훈에 담긴 에베레스트산만큼 높은 기준을 생각해보라.

형제에게 노하는 자마다 심판을 받게 되고 형제를 대하여 라가라

하는 자는 공회에 잡혀가게 되고 **마 5:22**

음욕을 품고 여자를 보는 자마다 마음에 이미 간음하였느니라
마 5:28

누구든지 네 오른편 뺨을 치거든 왼편도 돌려대며 **마 5:39**

너희 원수를 사랑하며 너희를 박해하는 자를 위하여 기도하라
마 5:44

나는 4점 만점에 0점이다! 이 명령들을 어떻게 어김없이 지킬 수 있단 말인가?

누가 가망이 있을까? 우리에게 어떤 희망이 있는가? 야곱이 가졌던 것과 같은 희망. 바로 은혜다.

"그러나 죄가 넓고 깊어 보여도 감사하게도 하나님의 은혜는 한층 더 넓고 깊습니다"(롬 5:20, 필립스성경).

엄청난 발견이 아닌가?

"그 기쁘신 뜻대로 우리를 예정하사 예수 그리스도로 말미암아 자기의 아들들이 되게 하셨으니"(엡 1:5).

하나님은 당신을 가족으로 맞으셨다. 당신의 이름과 주소를 바꾸셨고 저녁 식탁에 당신 자리를 마련하셨다.

"그 사랑하시는 자 안에서 우리를 받아주셨다"(엡 1:6, 흠정역 역자 직역).

한 젊은 여성이 용서에 대한 설교를 듣고 나서 나를 찾아왔다. 나는 그를 만나서 안부를 듣게 되어 기뻤다. 그는 어린 시절 수많은 거절과 싸웠다. 하지만 그날은 뭔가 달라 보였다.

"저 큰 깨달음을 얻었어요."

"어떤 깨달음이요?"

"저도 예외 없이 받아주신다는 거요."

당신도 마찬가지다.

그러니 제발, 당신을 받아주시는 분을 받아들이라.

더 이상 자기부죄는 없다. 더 이상 자책도 없다. 더 이상 정죄함도 없다. 은혜라는 주소 아래 영원히 거주하라. 하나님이 기꺼이 당신과 함께하셨다. 당신은 "완전해졌"(골 2:10, 현대인의 성경)다. 당신은 "하나님과 바른 관계를 맺게"(고후 5:21, 메시지) 되었다. 당신은 "거룩하고 흠 없고 책망할 것이 없는 자"(골 1:22)다.

"예수님은 거룩하게 된 사람들을 한 번의 제사로 영원히 완전하게 하셨습니다"(히 10:14, 현대인의 성경).

하나님은 영원한 사랑으로 당신을 사랑하겠다고 언약을 맺으셨고 그 언약을 지키실 것이다.

하나님은 야곱에게 그렇게 하셨다.

연로한 족장 야곱은 마침내 벧엘로 돌아갔다.

나는 야곱이 베개로 썼던 돌을 찾아 나섰을지 궁금하다. 야곱은 아내들에게 하룻밤 쓸 배낭과 낙타가 필요하다고 말하기 전에 얼마나 오랫동안 벧엘에 머물렀을까? 사다리를 보았던 장소를 찾을 때까지 희미한 불빛 아래 사막을 어슬렁거렸을까? 사다리에 대한 기억이 되살아나자 바위를 찾아내어 등을 대고 누워 별들을 바라보았을까? 자기 인생을 엉망으로 만든 것을 반성했을까? 그는 형을 속였고 눈이 거의 먼 아버지를 속였다. 그럼에도 하나님은 하늘을 여시고 천국의 사다리를 내려 야곱이 은혜라는 가장 커다란 교훈을 발견하게 하셨다. 우리가 하나님을 외면할 때 하나님은 우리를 붙잡으려 애쓰신다.

1890년 영국의 시인인 프랜시스 톰프슨(Francis Thompson)은 하나님을 "천국의 사냥개"(The Hound of Heaven)로 표현했다.

나는 그에게서 도망쳤네, 밤 중에도 낮에도.
나는 그에게서 도망쳤네, 세월의 아치 아래로.
나는 그에게서 도망쳤네, 내 마음의 미로 같은 길로.
눈물의 안개 속에서도 나는 그를 피해 숨었네.
웃음이 지나가고 그려진 희망을 향해 빠르게 달렸네.

그러나 두려움의 틈새 사이 거대한 어두움 속으로
망가진 채로 가라앉았네.[1]

톰슨은 "서두르지 않은 추적으로, 침착한 보조로, 유유한 속도로, 위엄 있는 긴박성으로" 쫓아오는 예수님을 "이 무서운 연인"이라고 말한다.

당신은 이 가능성에 마음을 열겠는가? 하나님이 구애하며 당신을 뒤쫓고 있다. 당신이 싫으면 하나님을 거절하거나 무시하면 된다. 당분간 세겜의 악취 속에 머물면 된다. 하지만 하나님은 포기하지 않으실 것이다. 하나님이 당신을 집으로 인도해주겠다고 약속하지 않으셨는가?

그분이 약속을 어긴 적이 있으셨는가?

당신 평생에 그런 일은 없을 것이다.

이것이 하나님의 메시지, 강경한 은혜의 약속이다. 그 약속을 신뢰하라.

이 은혜를
아는가?

천국에서의 첫날 나의 할 일 목록은 다음과 같다.

- 예수님 예배하기.
- 엄마, 아빠, 형제, 자매들 안아주기.
- 내가 탕자였을 때 나를 위해 기도해준 모든 분에게 감사하기.
- 사도 바울에게 질문하기. "그 '죽은 자들을 위한 세례'라는 말이 도대체 무슨 소리죠?"

그러고 나서는 야곱과 오래도록 대화를 나누고 싶다. 나는 야곱이 주로 아침 시간을 보내는 진주문 노천카페를 얼른 찾아가 내 소개를 할 것이다.

"안녕하세요, 이스라엘 씨, 저는 맥스라고 합니다."

라테를 마시던 야곱은 눈을 가늘게 뜨고 나를 올려다볼 것이다. 그는 수염을 쓰다듬으며 고개를 갸우뚱하다가 (적어도 내 상상 속에서는 말이다) 내 이름을 듣고는 고개를 끄덕일 것이다.

"자네가 나에 관한 책을 쓴 친구로군. 은혜에 관한 책."

나는 야곱이 이 책을 안다는 사실에 괜히 으쓱해져서 얼굴을 붉힐 것이다.

"맞습니다."

"제목이 뭐였더라? '끝까지 야곱을 포기하지 않으시는 하나님'이었나?"

"'끝까지 나를 포기하지 않으시는 하나님'입니다."

내가 유창한 히브리어로 답한다.

"자네가 날더러 최악의 족장이라 했다던데."

"그러니까, 형을 속이고 아버지에게 거짓말을 하고 하나님과 협상하고 또 세겜에서 디나가 당했던 사고를 봐도⋯."

"알겠네, 그 일들을 다시 언급할 필요는 없어."

야곱은 한숨을 쉬고는 미소를 지으며 나에게 앉으라고 자리를 권할 것이다. 한때는 얍복강 근처의 나뭇가지였을 지팡이를 여전히 들고 다니는, 양털 같은 곱슬머리 남자를 보고 사람들이 모여들 것이다.

"무슨 생각을 하고 있나, 자네?"

야곱이 물을 것이다.

"그 책을 쓴 것이 잘한 일이었을까요?"

"나에 대해서 쓴 것 말인가?"

"네."

"하나님이 나 때문에가 아니라 나였음에도 불구하고 나를 사용하셨다고 쓴 것 말인가?"

"네."

"내가 머저리와 사기꾼의 홍보 대사라고 했던 것도?"

"'홍보 대사'란 말을 어떻게 아시죠?"

"그건 신경 쓰지 말게. 자네는 하나님의 은혜를 광고하기 위해 내 이야기가 존재하는 것인지 알고 싶은 건가?"

"그렇습니다. 어떻게 생각하시는지 궁금해요."

"음, 자네 질문에 대답해보자면…."

그때 저 멀리서 허스키한 목소리가 들려온다.

"야곱! 야곱!"

그는 내 어깨 너머로 눈길을 돌리면서 이렇게 말할 것이다.

"에서 형님! 제가 골프 약속을 깜박했네요. 미안하네, 맥스. 내가 형하고 골프 약속이 있어서. 일주일에 한 번씩 할아버지와 아버지를 모시고 운동을 한다네. 하던 얘기는 내일 마저 하기로 하지."

그렇게 그는 떠날 것이다. 나는 그의 대답을 듣기 위해 하루를 기다려야 할 것이다. 내가 하고 싶은 말을 야곱에게 하려고 기다릴 것이다. 야곱에게 오늘 말하지 못한 그 이야기를 당신에게 해도 괜찮겠는가?

"야곱, 당신 이야기는 제 이야기입니다. 당신 인생은 버둥대다 실패하여 주저앉은 우리 같은 사람들에게 이야기를 건넵니다. 당신이 우리에게 믿기를 권유하는 그 은혜는 정말 놀랍고 설득력 있고 양심에 가책을 주기 때문에 그 은혜를 거절한다는 건 바보 같은 일이죠."

야곱 이야기를 읽고 또 읽으면서 나는 하나님이 그를 심판하시리라는 확신을 계속 맞닥뜨리게 된다. 내가 보수적인 개신교 집안에서 자란 탓인지도 모른다. 하지만 야곱 이야기를 곱씹을 때마다 그의 무능력에 놀라게 된다. 그에게는 모든 품위 있고 도덕적인 것을 개선하고 정화하고 옹호하는 능력이 없어 보인다.

야곱은 브엘세바에서 벧엘, 천국의 사다리에서 라반의 집에 이르기까지 하나님의 뜻 안팎을 이리저리 넘나들었다. 남을 속였고 자기도 속았다. 천사를 두 번 만났고 하나님의 음성을 세 번 들었다(창 28:15; 32:28; 35:10 참조). 이름이 바뀌었지만 마음은 그다지 바뀌지 않은 것 같다. 하나님은 왜 그를 버리지 않으셨을까? 좀 더 교양 있고 세련된 다른 사람으로 바꾸는 건 어땠을까?

그렇지만 한편으로는 하나님이 그렇게 하지 않으셔서 참

감사하다. 나 역시 편법을 쓰고 세겜의 그늘에 장막을 세우려는 경향이 있다. 나의 힘과 근육으로 하나님을 감동시킬 수 있으리라는 무모한 생각으로 하나님과 씨름했다. 나도 가식적이고 비굴하며 솔직하지 못할 수 있다.

나는 야곱에게 동질감을 느낀다. 나도 절뚝거린다.

나는 성경 속 다른 영웅들의 이야기에서 큰 영감을 받는다. 요셉과 다니엘은 신동이자 기대 이상의 성과를 거둔 사람들이다. 사도 요한과 마리아는 현자와 신비주의자라고 할 수 있다. 사도 바울은 신학자와 철학자의 수호성인이다. 그러면 야곱은 어떤가? 그에게는 찰리 브라운(Charlie Brown)을 닮은 구석이 있다. 루시가 찰리를 어떻게 평가했는지 기억하는가?

"찰리 브라운, 넌 야구로 치면 인생이라는 직선타에서 파울볼이야! 축구로 치면 넌 너희 팀 골대 앞을 못 떠나지! 당구로 치면 큐 미스고, 골프로 치면 18번 홀의 3퍼트야! 볼링으로 치면 열 번째 프레임에서 7번과 10번 핀이 남은 꼴이지! 낚시로 치면 낚싯대와 낚싯줄을 호수에 빠뜨린 격이고! 넌 자유투에 실패했고, 9번 아이언 뒤축으로 공을 쳤고, 삼진 아웃을 당했다고!"[1]

루시가 야곱은 어떻게 평가했을지 궁금할 따름이다.

야곱 이야기는 우리 안에 있는 야곱이 "하나님이 나 같은 사람을 사용하시겠어?"라고 생각하는 시대를 위해 존재한다.

그 대답은, 위안을 주며 울려 퍼지는 대답은, "그렇다"이다.

순전한 은혜다.

은혜는 하나님의 가장 크신 뜻이다. 우리 마음이 아니라 하나님 마음에 따라 우리를 대하시겠다는 뜻이다. 하나님이 우리를 보시고 그 아들을 보시겠다는 뜻이다. 그 어떤 죄도 끊어낼 수 없는 사랑으로 끊임없이 우리 곁에 함께하시겠다는 뜻이다. 하나님께 잘 보이려 하지 않고 그저 그분을 신뢰하는 사람 누구에게든 하늘 문을 활짝 여시겠다는 뜻이다.

놀라운 은혜 아닌가!

하나님은 사다리 위에 서서서 사다리를 타고 올라와 그분을 찾으라고 말씀하시지 않는다. 하나님은 우리 삶의 광야에 사다리를 내리고 우리를 찾으신다. 하나님은 우리가 착하게 굴어야만 우리를 사용하겠다고 제안하시는 분이 아니다. 하나님은 우리가 항상 잘못된 행동을 한다는 것을 아시면서도 우리를 사용하겠다고 약속하신다. 은혜는 세겜의 그늘을 피하는 사람들에게 주시는 선물이 아니다. 우리 중 누구도 그렇게 하지 못하기 때문에 은혜가 존재하는 것이다.

사랑하시는 하나님. 굽어보시는 하나님. 아낌없이 주시는 하나님. 돌보시는 하나님. 도우시는 하나님.

당신은 이 은혜를 아는가?

내가 손자에게 해주었던 일을 은혜가 우리에게 해준다. 어느 날 오후, 아내와 즐겁게 이야기를 나누고 있는데 뒷문 밖에서 이런 소리가 들렸다.

"도와주세요! 큰일 났어요!"

내가 아는 여자아이 목소리였다. 손녀 로지. 한 달 뒤면 여섯 살이 되는, 빨강 머리에 파란 눈을 가진 로지는 그 순간 무척 다급했던 것 같다.

로지와 세 살짜리 남동생 맥스 웨슬리는 자기들이 가장 좋아하는 취미인 돌멩이 수집을 하고 있었다. 두 녀석에게는 장난감을 사줄 필요가 없었다. 녀석들이 반짝반짝 빛나는 돌멩이를 찾을 수 있도록 우리 집 뒤편 공터에 녀석들을 풀어놓기만 하면 되었다.

서둘러 뒷문으로 나가려는데 딸이 로지에게 물었다.

"무슨 일이니?"

"맥스가 일어서질 못해요!"

나는 최악의 상황을 떠올렸다. 방울뱀에 물렸을까? 계곡으로 떨어졌을까?

"맥스가 왜 일어서지 못하니?"

"주머니에 돌을 많이 넣어서 바지가 발목까지 흘러내렸어요. 꼼짝없이 일어서지 못하는 상황이에요."

우리는 멈춰 서서 서로 바라보며 미소 지었다.

"지금 준비하고 있는 설교의 예화로 적당하겠네요."

아내가 내게 말했다.

아내 말이 맞았다. 최고의 설교 예화였다. 꼬맹이 맥스는 일어설 수 없었다. 맥스는 길 위에 쪼그려 앉았다. 무릎이 가슴에 가닿았다. 청바지가 발목까지 내려갔다. 아스팔트와 맥스의 엉덩이 사이에는 스파이더맨 속옷뿐이었다.

"맥스, 일어날 수 있겠어?"

내가 물었다.

맥스가 모기만 한 목소리로 대답했다.

"아니요."

"일어나볼래?"

맥스가 일어서자 문제가 빤히 보였다. 모든 주머니가 돌멩이로 가득 차 있었다. 양 옆과 뒤쪽에 있는 주머니까지 네 군데 주머니가 돌멩이로 무거웠다.

"도와줄까?"

맥스가 대답했다.

"네."

나는 맥스를 도와 불필요한 짐을 하나씩 내려놓았다. 그런 다음 맥스는 당연하게도 바지를 추켜올리고 다시 놀기 시작했다. (훌륭한 설교 예화라고 내가 말하지 않았는가.)

당신은 무엇 때문에 일어서지 못하는가? 무엇이 당신의 발목을 옭아매는가? 무엇이 앞으로 나아가지 못하게 막는가? 무엇이 당신의 평화를 좀먹는가?

당신은 맥스의 사례를 따르겠는가?

맥스는 우리를 신뢰했다.

당신도 하나님의 은혜를 믿어보지 않겠는가?

야곱처럼 당신도 고군분투한다. 그리고 야곱처럼 당신의 문제가 무엇이든 당신은 결코 자격 없는 사람이 아니다.

"우리는 이 보물을 질그릇에 간직하고 있습니다. 이 엄청난 능력은 하나님에게서 나는 것이지, 우리에게서 나는 것이 아닙니다"(고후 4:7, 새번역).

당신의 보물은? 장자의 권리다. 영적 유산이자 운명.

하지만 이런 수수한 질그릇은 우리의 보물과 어울리지 않는다. 우리는 방황하는 마음, 늙어가는 육체, 의심하는 마음, 욕망하는 눈, 허물어지는 신념을 가졌다. 우리는 압력을 받으면 깨진다. 우리 도자기에는 균열이 생겼다. 누가 깨진 그릇을 사용하고 싶겠는가? 하나님이 그렇다. 하나님은 깨어짐을 통해 위대한 일을 하신다. 땅이 갈라져야 농작물이 나온다. 달걀이 깨져야 생명이 나온다. 하늘이 갈라져야 비가 내린다. 부러진 크레파스로도 얼마든지 색칠할 수 있다. 고치가 찢어져야 곤충이 날아오른다. 옥합이 깨져야 향유 냄새가 풍긴다. 성찬식의 빵을 잘라야 소망이 생긴다. 십자가에서 찢긴 그리스도의 몸이 세상을 밝히는 빛이 된다.

이것이 바로 요점이다. 하나님은 심하게 망가진 사람들을 통해 위대한 일을 하신다. 중요한 것은 질그릇의 힘이 아니라, 그것을 사용할 수 있는 하나님의 힘이다.

당신이 지은 죄가 모여 당신이 된 것이 아니다. 예수님의 죽음, 무덤, 부활이 모여 당신이 이루어졌다(고후 5:21 참조).

"그리스도로 인해, [당신이] 하나님께 달콤한 향기를 피워 올리면, 구원의 길에 들어선 사람들은 그 향기를 맡고 알아봅니다. 그 향기는 생명을 드러내는 향기입니다"(고후 2:15, 메시지).

고대 일본 예술인 '킨츠기'는 15세기에 깨진 도자기를 수리하는 독특한 방법으로 발전했다고 한다. 때로 '황금 여정'이라고 번역되기도 하는 킨츠기는 균열을 감추지 않고 강조함으로써 깨진 도자기를 수리한다. 예술가는 옻칠을 사용해서 균열을 수리하고 고운 금가루나 은가루로 접착제를 가린다. 그 결과는? 금과 은으로 된 선들이 도자기를 가로질러 감싸고 있는, 상상할 수 없이 아름다운 작품이 된다. 그러면 이 작품은 한때 가망 없는 상태로 깨졌다가 예술가의 도움으로 근사하게 회복된 모든 균열과 틈을 통해 과거의 이야기를 들려준다. [2)]

야곱 이야기의 마지막에 다다를 즈음엔 오래된 질그릇이 딱풀과 강력 접착테이프로 단단히 고정된다. 볼품은 없지만 야곱이 만든 것이다.

"믿음으로 야곱은 죽을 때에 요셉의 각 아들에게 축복하고 그 지팡이 머리에 의지하여 경배하였으며"(히 11:21).

야곱은 예배하며 죽음을 맞았다. 우리에 대해서도 야곱과 같은 말이 전해지기를.

강해져야만 구원받을 수 있는 것은 아니다. 완벽해야만, 전 과목 A를 받아야만 구원받을 수 있는 것도 아니다. 우리는 그저 야곱의 하나님을 신뢰하고, 가치 없고 부족한 우리가 안전하게 고향에 돌아올 때까지 계속 함께하시는 하나님을 믿기만 하면 된다. 하나님은 한 번 더 기회와 새로운 시작을 허락하시는 분, 은혜의 하나님이시다.

그분은 당신을 절대 포기하지 않으신다.

GOD NEVER GIVES UP ON YOU

묵상을 위한 질문

by 안드레아 루케이도

01 비뚤어진 후광 클럽

1. 당신은 '비뚤어진 후광 클럽'을 어떻게 설명하겠는가?

   • 자신이 비뚤어진 후광 클럽의 멤버라고 생각해본 적이 있는가?
   • 성경의 인물들도 이 클럽의 멤버라고 생각하는가? 그렇게 생각하는 이유, 혹은 그렇게 생각하지 않는 이유는 무엇인가?

2. 빈칸을 채워보라.

   > "야곱은 _____ 족장이다"(14쪽).

   • 이 책을 읽기 전에 야곱에 대해 알고 있었던 점은 무엇인가?
   • 1장을 읽고 난 뒤 야곱에 대해 어떤 점이 놀라웠는가?

3. 야곱의 별명은 무엇이었는가?

   • 당신 주변에도 이런 별명이 어울리는 사람이 있는가?
   • 당신은 그 사람을 어떻게 생각하는가?
   • 이런 사람이 유대교와 기독교의 족장이라는 사실이 놀랍지 않은가?

4. 야곱 집안은 어떤 가문이었는가? 그의 부모와 조부모는 어떤 사람들이었는가?

- 당신은 야곱의 부모와 조부모에 대해 무엇을 알고 있는가?
- 가문의 유산은 우리와 우리 행동과 성품과 신앙에 어떤 영향을 미치는가?
- 당신의 유산을 설명해보라.
- 당신의 유산은 당신의 삶에 긍정적으로나 부정적으로 어떤 영향을 미쳤는가?

5. 창세기 25장 21-28절을 보라.

- 성경은 야곱과 에서를 어떻게 소개하는가? 엄마 배 속에서 둘의 관계는 어떠했는가?
- 야곱과 에서에 대한 예언은 어떤 내용이었는가? 리브가는 왜 이 예언에 놀랐는가?
- 야곱과 에서의 출생에서 특이한 점은 무엇이었는가?
- 야곱이 형의 발꿈치를 잡았다는 것은 무엇을 상징하는가?
- 야곱과 에서는 어떻게 달랐는가?
- 부모 중 어느 쪽이 야곱을 더 사랑하고, 어느 쪽이 에서를 더 사랑했는가?
- 성경이 이런 정보를 언급한 이유가 무엇이라고 생각하는가?

6. 맥스 루케이도는 "이삭의 장자가 하나님이 아브라함과 맺으신 언약을 차지하게 될 것이었다"라고 설명한다. 창세기 12장 2-3절에서 그 언약을 찾아보라.

- 하나님이 아브라함을 사랑하셨다는 사실을 어떻게 알 수 있는가?

- 아브라함이 이 언약을 받을 자격이 있는 이유는 무엇인가?
- 야곱과 아브라함은 어떤 면에서 달랐는가?
- 야곱은 이 언약을 받을 자격이 있었는가? 왜 그런가? 혹은 왜 그렇지 않은가?

7. 야곱은 예언자나 설교자가 아니었다. 자격 미달이었다. 남을 속이고 거짓말을 했다.

- 야곱이 이 이야기의 주인공이 아니라면, 누가 주인공인가?
- 야곱 이야기의 중심에는 어떤 주제가 있는가? 힌트를 주자면, 한 단어다.

8. 당신은 '은혜'를 어떻게 정의하겠는가?

- 이제까지 살면서 어떻게 은혜를 경험했는가?
- 지금 당신의 삶에서 하나님의 은혜가 필요한 부분은 어디인가?

9. 이제 막 야곱 이야기를 살피기 시작했지만, 지금까지 아는 내용에 근거했을 때, 그의 이야기에서 당신의 모습을 어떤 방식으로 찾아볼 수 있겠는가?

- 하나님이 야곱을 어떻게 생각하셨는지 안다면, 그분이 당신은 어떻게 생각하실 것 같은가?
- 야곱 이야기는 당신의 이야기에 어떤 희망을 줄 수 있겠는가?

얼간이 신세가 된 왕자

1. 당신은 기다림의 시간을 어떻게 보내는가? 안심하고 있는 편인가, 아니면 불안해하는 편인가? 아마도 상황에 따라 다를 것이다. 당신의 반응을 설명해보라.

   • 맥스 루케이도는 "기다리기 싫은 마음이 죄의 근본"이라고 말한다(32쪽). 당신은 이 말에 동의하는가? 동의하는 이유, 혹은 동의하지 않는 이유는 무엇인가?
   • 평안한 마음으로 기다릴 수 있게 도와달라고 하나님께 기도한적이 있는가? 그때 당신에게 무슨 일이 있었고, 무엇을 배웠는지이야기해보자.

2. 창세기 25장 29-34절을 보라.

   • 왜 에서는 장자의 권리를 팔라는 야곱의 말에 동의했는가?
   • 잠깐을 참지 못한 에서에게 평생 따른 대가는 무엇이었는가?
   • 당신도 성급함 때문에 중요한 것을 놓친 적이 있었는가? 결과는어땠는가?
   • 그 순간으로 다시 돌아갈 수 있다면, 어떻게 할 것 같은가?

3. 에서의 집안에는 조급함 때문에 문제를 겪은 사람이 또 있었다.창세기 27장 1-29절을 보라.

- 리브가는 아들들에 대해 하나님이 예언하신 말씀을 잘 알고 있었다. 그런데도 야곱이 이삭의 축복을 받게 하려는 지름길의 계획을 도모했다. 리브가가 야곱에게 이런 지름길을 취하게 한 이유는 무엇이라고 생각하는가?
- 그 결과는 어떠했는가?

4. 창세기 27장 41-45절을 보라. 야곱과 리브가의 지름길은 어떤 결과를 맞았는가?

- 이 지름길은 야곱에게 어떤 결과를 가져왔는가?
- 야곱이 한 행동은 어떤 여파를 불러일으켰는가?
- 리브가와 야곱이 여호와의 때를 기다렸다면 어떻게 되었으리라 생각하는가?

5. 지금 당신은 하나님의 어떤 일을 기다리고 있는가?

- 얼마나 오래 기다렸는가?
- 지름길과 도움이 되는 전략적인 움직임은 어떻게 다른가? 어떻게 그 둘을 구별할 수 있는가?

6. 2장에서 당신과 가장 비슷하다고 생각하는 인물은 누구이며, 그 이유는 무엇인가?

에서 : 지금 당장 배를 채워야겠다는 생각에, 세상에서 자신에게 가장 중요한 것을 팥죽 한 그릇에 팔아버렸다.

리브가 : 아들들을 위한 하나님의 계획을 알고 있었는데도 자기 손으로 문제를 해결하려고 작전을 세웠고, 그 때문에 온 집안이 풍비박산이 났다.

야곱 : 유리한 지위와 특권을 얻으려고 아버지를 속이는 그 계획에 기꺼이 동참했다.

• 에서, 리브가, 야곱 이야기는 여호와를 기다리는 당신에게 어떻게 타산지석이 되는가?
• 이들의 이야기가 하나님의 때를 기다리는 당신을 어떻게 격려할 수 있겠는가?

03 하늘에 닿은 사다리

1. 당신이 깊은 절망에 빠졌던 때를 떠올려보라.

   - 당신을 절망에 빠뜨린 그 원인은 무엇이었는가?
   - 그 시기에 당신은 외로움을 느꼈는가? 그랬다면 그 이유는 무엇이었는가?
   - 하나님이 가까이 계신다고 느꼈는가, 멀리 계신다고 느꼈는가? 그 이유는 무엇인가?
   - 3장은 야곱이 혈혈단신으로 떠난 긴 여정을 이야기한다. 당신이 경험한 절망과 외로움이 야곱과 공감하는 데 어떻게 도움이 되었는가? 그가 고향 집을 떠날 때 어떤 심정이었으리라 생각되는가?

2. 창세기 28장 10-19절을 보라. 야곱은 어떤 꿈을 꾸었는가?

   - 당신은 천사가 어떤 존재라고 믿는가? 그렇게 믿는 이유는 무엇인가?
   - 성경에 따르면, 천사는 우리 삶에서 어떤 역할을 하는가?(히 1:14; 시 91:11)
   - 천사가 우리 기도에서는 어떤 역할을 하는가?(계 8:3-5)
   - 야곱의 꿈에서 천사는 무엇을 나타낸다고 생각하는가?

3. 야곱은 꿈에서 어떤 말씀을 들었는가?

- 하나님은 꿈에서 야곱에게 어떤 약속을 주셨는가?
- 맥스 루케이도는 "야곱이 기도했다거나 믿음이 있다거나 하나님을 열심히 찾았다는 말은 단 한마디도 없었다"(55쪽)라고 말한다. 이런 점을 고려한다면, 이 약속들은 하나님의 성품에 대해 무엇을 말해준다고 생각하는가?

4. 당신은 살아가면서 하나님의 목소리를 어떻게 들었는가? "야곱의 사다리" 사건처럼 직접적으로 하나님의 목소리를 들었는가, 혹은 친구, 책 등 다른 사람의 말을 통해 간접적으로 들었는가?

- 하나님은 당신에게 무엇을 말씀하셨는가?
- 그때 혹은 그런 방식으로 하나님의 말씀을 듣고 놀랐는가?
- 하나님이 당신 주변 사람들에게 말씀하시는 모습을 목격하기도 했는가?

5. 맥스 루케이도는 "은혜가 그렇다. 은혜는 끈질기게 좇고, 나타나서 크게 말한다"(57쪽)라고 말한다. 당신도 이렇게 은혜를 체험한 적이 있는가? 있다면 어떻게 체험했는가?

6. 야곱은 자신의 꿈에 어떻게 반응했는가?

- 어떤 말을 하고, 어떤 행동을 했는가?
- 당신은 힘들거나 어려운 시기에 하나님의 함께하심에 놀란 때가 있었는가?
- 하나님은 당신에게 어떻게 나타나셨는가?

• 그 순간에 하나님의 임재가 당신에게 어떤 영향을 끼쳤는가?

7. 다음 빈칸을 채우시오.

> "하늘에 닿은 당신의 사다리는 환상이 아니다. 인격이시다.
> _____ 이 우리의 계단이 되신다"(59쪽).

• 어떻게 해서 그리스도가 우리 "사다리"이신가?
• 당신은 예수님을 "중재자"로, "축복을 내려주시고 기도를 올려
  주시는 통로"로 여기는가?(59쪽) 그렇게 생각하는 이유, 혹은
  그렇지 않은 이유는 무엇인가?

8. 3장 마지막에 나오는 맥스 루케이도의 질문에 답하시오.

> "당신의 돌 베개는 무엇인가?"(60쪽)

• 야곱과 벧엘은 무엇을 약속하는가?(61쪽)
• 이 약속을 당신의 돌 베개에 어떻게 적용할 수 있겠는가?

9. 기둥은 눈에 보이는 믿음의 표시다. 야곱은 작은 기둥을 세우
   고 거기에 기름을 부어서 꿈에서 하나님을 만난 곳을 표시했
   다. 그가 왜 그렇게 했다고 생각하는가?

• 당신에게 의미 있는 물리적인 표시나 상징은 무엇이고, 그 이유
  는 무엇인가?

- 당신 삶에서 기억에 남거나 기념할 만한 순간, 곧 베개가 기둥이 된 순간은 언제인가?
- 인생에서 중요한 순간을 표시할 만한 방법으로는 어떤 것이 있을 것 같은가? 무엇이 당신의 기둥이 될 수 있는가? 어디에 기둥을 세울 것인가? 어떤 식으로 그 기둥에 기름을 붓거나 그것을 두고 기도할 수 있는가?

04 대가성 은혜는 없다

1. 하나님과 거래를 시도해본 적이 있는가? 있었다면 그 거래는 어떤 내용이었는가?

   • 당신에게 하나님과 거래를 시도하려는 용기를 준 것은 무엇이었는가?
   • 어떤 결과가 나왔는가?

2. 창세기 28장 20-22절을 보라.

   • 야곱은 하나님과 어떤 거래를 하려 했는가? 야곱은 하나님께 무엇을 요구했고, 그 대가로 무엇을 약속했는가?
   • 야곱과 하나님의 거래는 성경에 나오는 다른 예들과 어떻게 다른가?(창 18:22-32; 삼상 1:11)
   • 당신은 야곱이 자신의 꿈에 이렇게 반응한 것을 어떻게 생각하는가?

3. 맥스 루케이도는 토저를 인용한다.

   "인간을 그냥 내버려두면 우리는 그 즉시 하나님을 관리 가능한 용어로 축소하려는 경향이 있다. 우리는 그분을 사용할 수 있는 곳으로 그분을 데려가기 원하거나, 적어도 우리가 그분을 필요로 할 때 그분이 어디에 계시는지 알기 원한다. 우리는 어느 정도 _____ 수 있는 신을 원한다."(72쪽)

빈칸을 채워보라.

- 어째서 야곱의 거래는 하나님을 통제하려는 시도였는가?
- 당신이 하나님과 맺은 거래 역시 그분을 통제하려는 시도는 아니었는가? 왜 그런지, 혹은 그렇지 않은지 이유를 말해보자.
- 우리가 하나님을 통제하려고 하는 이유는 무엇이라고 생각하는가? 우리가 바라는 결과는 어떤 것인가?

4. 맥스 루케이도는 딸이 교통사고를 당해 입원해 있는 부부에게 병문안 갔던 사연을 들려준다. 이 부부의 믿음은 딸의 회복 여부에 달려 있었다.

- 당신도 그런 심정을 느낀 적이 있는가?
- 무언가를 너무나 간절히 원해서 하나님이 그것을 주시지 않으면 믿음을 잃을 것 같았던 경험이 있는가?
- 하나님이 당신의 요구를 들어주셨는가? 들어주셨다면 당신은 어떻게 반응했는가? 들어주지 않으셨다면, 어떻게 반응했는가?

5. 맥스 루케이도가 우리와 하나님의 거래를 개미 사육장에 비교한 예화는 얼마나 적절한가?(75쪽)

- 이 예화를 통해 하나님이 우리 제안을 어떻게 느끼실지에 대해 어떤 관점을 얻을 수 있는가?

6. 마태복음 6장 9절에서 하나님을 표현하는 데 사용된, '거룩히

'여김을 받다'라는 단어의 어근은 무엇인가?

• 이 단어는 무슨 뜻인가?
• 이 단어의 뜻은 하나님의 본성에 대해 무엇을 말해주는가?

7. 다음 성경 말씀을 읽으십시오.

"여호와라 이름하신 주만 온 세계의 지존자로 알게 하소서"(시 83:18).

"여호와께서 이와 같이 말씀하시되 하늘은 나의 보좌요 땅은 나의 발판이니 너희가 나를 위하여 무슨 집을 지으랴 내가 안식할 처소가 어디랴 나 여호와가 말하노라 내 손이 이 모든 것을 지었으므로 그들이 생겼느니라"(사 66:1-2).

"그때에 여호와께서 폭풍우 가운데에서 욥에게 말씀하여 이르시되 무지한 말로 생각을 어둡게 하는 자가 누구냐 너는 대장부처럼 허리를 묶고 내가 네게 묻는 것을 대답할지니라 내가 땅의 기초를 놓을 때에 네가 어디 있었느냐 네가 깨달아 알았거든 말할지니라 누가 그것의 도량법을 정하였는지 누가 그 줄을 그것의 위에 띄웠는지 네가 아느냐 그것의 주추는 무엇 위에 세웠으며 그 모퉁잇돌을 누가 놓았느냐 그때에 새벽 별들이 기뻐 노래하며 하나님의 아들들이 다 기뻐 소리를 질렀느니라 바다가 그 모태에서 터져 나올 때에 문으로 그것을 가둔 자가 누구냐 그때에 내가 구름으로 그 옷을 만들고 흑암으로 그 강보를 만들고 한계를 정하여 문빗장을 지르고 이르기를 네가 여기까지 오고 더 넘어가지 못하리니"(욥 38:1-11).

- 이 본문들은 하나님을 어떻게 묘사하는가?
- 이 내용은 당신이 하나님의 거룩하심(우리와 구별된 분이심)을 이해하는 데 어떻게 도움이 되는가?

8. 당신은 이 하나님을 예수님, 곧 우리와 구별되지 않고 우리와 함께하시고 우리 곁에 계신 분과 어떻게 조화시킬 수 있는가?

9. 맥스 루케이도는 "기도는 우리가 원하는 일을 하나님께 요구하는 것이 아니다. 하나님이 가장 좋은 일을 하실 것을 신뢰하는 것이다"라고 말한다(79쪽). 당신은 이 말을 어떻게 생각하는가?

- 당신은 하나님께 어떤 일들을 요청하는가?
- 당신은 자신이 원하는 것을 기도해도 된다고 생각하는가? 그렇게 생각하는 이유, 혹은 그렇게 생각하지 않는 이유는 무엇인가?
- 당신이 지금 당장 원하는 것과 하나님께 간구해 온 것을 생각해 보라. 4장에 비추어본다면, 그것을 어떻게 하나님께 간구할 수 있을까?

10. 남을 속이고 어설프고 이기적인 야곱의 행동에도 불구하고 그의 이야기는 온전히 은혜의 이야기다. 맥스 루케이도의 표현대로, "야곱의 이야기는 예상치 못한, 요청하지 않은, 과분한 하나님의 자비를 보여주는 증거다."

- 맥스 루케이도의 표현에 동의하는가? 그 말이 당신 인생에서도 사실로 증명되었는가?

- 당신도 야곱처럼 하나님과 거래를 시도한 적이 있는가? 당신도 과분한 하나님의 자비를 경험한 적이 있는가? 자세히 이야기해 보자.
- 하나님과의 거래로 당신이 원하던 답을 얻지 못했을 때 당신은 어떻게 반응했는가?

05 사기당한 사기꾼

1. 왜 리브가는 야곱을 하란 땅으로 보냈는가? 왜 하나님은 야곱
   을 하란 땅으로 보내셨는가?

2. 5장은 심은 대로 거둔다는 법칙을 보여준다. 당신도 그런 경험
   을 한 적이 있는가?

   • 당신이 좋은 것을 심은 때는 언제인가? 결과는 어땠는가?
   • 당신이 나쁜 것을 심은 때는 언제인가? 결과는 어땠는가?
   • 야곱 이야기의 이 시점에서 그는 어떤 씨를 뿌렸는가?

3. 창세기 29장 1-13절을 보라.

   • 라반과 그의 가족은 야곱을 어떻게 받아주었는가?
   • 야곱이 라헬을 만나고 눈물을 터뜨린 이유는 무엇이라고 생각
     하는가?
   • 이 장면을 볼 때, 마침내 하란에 당도한 야곱의 감정이 어떠했으
     리라고 짐작되는가?

4. 창세기 29장 14-30절을 보라.

   • 야곱은 라헬에게 어떤 감정을 품고 있었는가?
   • 야곱은 그녀를 위해서라면 어떤 것까지 각오하고 있었는가?

- 이런 모습은 야곱의 어떤 성품을 드러내주는가?
- 이 이야기에서 우리는 야곱의 성격이나 직업윤리, 의지력에 대해 어떤 점을 알 수 있는가?

5. 라반이 야곱을 속인 사건은 야곱이 이삭과 에서를 속인 사건과 어떤 면에서 닮았는가?

- 야곱은 이 사건에서 어떤 교훈을 얻었을 것 같은가?
- 우리는 야곱이 아직 교훈을 얻지 못했다는 사실을 어떻게 알 수 있는가?
- 왜 그랬다고 생각하는가?

6. 심은 대로 거둔 일에서 당신은 어떤 교훈을 얻었는가?

- 당신도 야곱처럼 특히 배우기 힘든 교훈이 있다고 생각하는가? 당신도 계속해서 똑같은 씨를 뿌리면서 다른 결과를 기대하고 있지 않은가? 만약 그렇다면, 그것은 당신 삶에 어떤 결과를 가져왔는가?
- 내일 좋은 열매를 맺기 위해 오늘 당신은 어떤 좋은 씨앗을 심을 수 있는가?
- 이 씨앗들에서 유익을 얻을 다른 사람들은 또 누가 있는가?

7. 흔히 '인과응보'라는 말을 한다. 5장에 나오는 야곱 이야기처럼 대개는 그렇다. 하지만 그렇지 않을 때도 있다. 당신이 '받아 마땅한' 것을 '받지 않은' 적이 있다면 언제인가? 예를 들어, 어

떤 사람을 함부로 대했는데 그 사람은 당신을 친절히 대했다든 가, 과제를 늦게 제출했는데 상사가 봐주었다든지 하는 경우처럼 말이다.

- 이 시나리오에서는 어떻게 은혜가 작용하고 있었는가?
- 하나님이 그리스도를 통해 무조건적이고 끝없는 은혜를 베풀어 주신다는 것을 안다면, 우리는 이 진리와 맥스 루케이도가 말하는 또 다른 진리, 곧 "오늘 당신이 뿌리는 씨앗이 미래의 성격을 결정한다"(99쪽)라는 진리 사이에서 어떻게 균형을 잡을 수 있겠는가?

8. 라헬과 레아와 야곱 이야기에는 어떤 방식으로 은혜가 깃들어 있었는가?

- 하나님이 그분의 크신 계획 가운데서 야곱을 포기하시지 않은 이유는 무엇이라고 생각하는가?
- 하나님이 당신에게 은혜를 베푸신 때를 기억해보자. 그 경험은 당신의 믿음에 어떤 영향을 미쳤는가?
- 하나님이 당신을 포기하지 않으시는 이유는 무엇이라고 생각하는가?

06

엉망진창 집안 세력 다툼

1. 당신의 가계도(족보)에 대해 아는 내용이 있는가?

   • 당신 가문은 좋은 쪽으로나 나쁜 쪽으로 어떻게 알려져 있는가?
   • 당신 집안이나 당신이 아는 집안에서 목격한 상처가 있는가?
   • 그런 모습이 당신에게 어떤 영향을 미쳤는가?
   • 그런 상처나 깨어짐은 한 사람이 하나님과 맺는 관계에 어떤 영
     향을 미칠 수 있는가?

2. 창세기 29장 31-35절을 보라.

   • 왜 하나님은 레아에게 임신을 허락하셨을까?
   • 르우벤이 태어났을 때 레아는 어떻게 반응했는가?
   • 시므온이 태어났을 때는 어떻게 반응했는가?
   • 레위가 태어났을 때는 어떻게 반응했는가?
   • 유다가 태어났을 때는 어떻게 반응했는가?
   • 229쪽 표에 레아가 낳은 자녀들의 이름과 그 뜻을 채워보자.
   • 유다가 태어났을 때 레아가 하나님을 찬양한 이유는 무엇이라
     고 생각하는가?
   • 르우벤과 유다의 출산 사이에 레아는 어떻게 변했는가?

3. 당신도 레아처럼 눈에 띄지 않거나 사랑받지 못한다고 느낀 적
   이 있는가?

- 이런 관심과 애정 결핍이 당신에게 어떻게 영향을 주었는가?
- 그때 하나님이 당신을 만나주셨는가? 그렇다면 어떻게 만나주셨는가?

4. **창세기 30장 1-24절을 보라.**

- 1절에서 라헬이 야곱에게 간청하는 내용을 보며, 당신은 아이를 낳지 못하는 라헬의 심정을 어떻게 느끼는가?
- 라헬의 해결책은 무엇이었는가?
- 229쪽 표에 실바, 빌하, 레아, 라헬이 낳은 자녀들의 이름과 그 뜻을 다 채워보자.

5. 맥스 루케이도는 라헬과 레아의 이야기를 "자신이 아직 찾지 못한 것을 간절히 바라고 있는 두 여인의 이야기"로 묘사한다(110쪽).

- 라헬은 자신의 갈망에 어떤 식으로 대처했는가?
- 라헬과 레아의 대처법은 어떤 면에서 비슷하고 어떤 면에서 다른가?
- 당신은 자신이 갖지 못한 것 중에 어떤 것을 간절히 바라왔는가?
- 당신은 그 갈망에 어떻게 대처했는가? 원하는 것을 얻기 위해, 혹은 그것을 기다리는 동안 어떻게 행동했는가?
- 이런 종류의 갈망이 종종 우리에게서 최악의 모습을 끌어내는 이유는 무엇일까?

6. 당신은 이루어지지 않은 갈망을 품고 살아가는 것에 대해 라헬

과 레아에게서 어떤 교훈을 얻을 수 있는가?

- 이들의 이야기는 우리가 바라고 기다리는 가운데서 하나님이 어디에 계신다고 말해주는가?
- 이 이야기가 어떻게 당신이 바라는 것에 대한 희망을 줄 수 있는가?

7. 야곱, 라헬, 레아의 가정이 어떤 모습이었으리라고 생각하는가?

- 당신은 가정에서 성장하는 과정 중에 어떤 갈등이나 경쟁 관계를 경험했는가?
- 지금까지 남아 있는 갈등이나 경쟁 관계가 있는가?
- 이런 역학이 당신과 당신 가정에 어떻게 영향을 미쳤는가?

8. 하나님은 야곱, 레아, 라헬의 역기능에도 불구하고 어떻게 그들을 사용하셨는가? 이 점은 하나님과 그분의 능력에 대해 무엇을 말해주는가?

9. 맥스 루케이도는 "하나님은 역기능 가족을 사용하실 수 있고, 고치기까지 하신다"라고 말한다(113쪽). 당신 가족도 그럴 수 있다고 믿는가? 그렇게 믿는 이유, 혹은 믿지 않는 이유는 무엇인가?

- 맥스 루케이도는 "하나님은 깨어짐을 통해 생명을 주신다"라고도 말한다(112쪽). 당신도 그런 경험을 한 적이 있는가?

• 당신 가정이나 당신이 아는 가정에서 그런 깨어짐을 경험한 적이 있다면, 하나님은 어떻게 그런 어려움을 통해 생명을 주실 수 있었는가? 그런 치유가 어떤 모습일지, 어떻게 사람이 바뀔 수 있을지, 어떻게 당신이 바뀔 수 있을지 상상해보라. 그런 말씀이 잘 믿어지지 않는다면, 야곱, 라헬, 레아를 떠올려보라. 이들의 이야기는 당신의 이야기에 어떤 희망을 줄 수 있는가?'

야곱의 자녀들

어머니 이름	자녀 이름	이름의 뜻
레아		
빌하		
실바		
라헬		

07

내 인생의 눈엣가시

1. 당신 인생의 라반은 누구인가? 상사인가? 동료인가? 아니면 가
   족 중 한 사람인가? 당신은 라반을 피할 수 없다. 그 사람은 적
   어도 당분간 당신 삶의 일부분이 될 것이다.

   • 그 사람이 가진 '라반'의 특징은 무엇인가?
   • 그 사람과 함께 있으면 어떤 기분이 드는가?
   • 당신은 그 사람을 어떻게 생각하는가?

2. 라반은 야곱을 어떻게 대했는가?(창 29:22-27; 30:31-36; 31:41-
   42)

   • 라반에 대한 야곱의 마음이 어떠했으리라 생각하는가?
   • 라반이 야곱을 그렇게 대한 이유가 무엇이라 생각하는가?
   • 야곱은 라반을 위해 14년간 일했다. 당신의 라반은 얼마나 오
     랫동안 당신과 함께하고 있는가?
   • 그 오랜 세월 동안 라반과 함께 살며 그를 위해 일해야 했던 것
     을 야곱은 어떻게 느꼈을 것 같은가?

3. 창세기 31장 10-13절을 보라.

   • 하나님은 야곱의 꿈에서 그에게 어떤 확신을 주셨는가?
   • 하나님이 이때까지 기다리셨다가 야곱에게 떠나라고 말씀하신

이유는 무엇이라고 생각하는가?

4. 꿈속에서 하나님은 야곱에게 고향으로 돌아가라고 명령하셨다. 이에 대해 맥스 루케이도는 야곱에게 두 가지 선택권이 있었다고 말한다.

> "하나님을 신뢰하거나 불안해하거나"(120쪽).
> 야곱은 어떤 결정을 내렸는가?(창 31:3)

- 이 장면은 야곱의 마음과 성격에 어떠한 변화가 일어났음을 보여주는가?
- 형 에서가 무서워서 도망쳤던 야곱이 기꺼이 고향으로 돌아가기로 한 이유가 무엇이라고 생각하는가?

5. 창세기 30장 27-28절에 따르면, 야곱이 떠나는 것을 라반이 원치 않은 이유는 무엇인가?

- 야곱은 라반에게 어떤 영향을 주었는가?
- 당신은 당신의 라반에게 어떤 영향을 주었다고 생각하는가?
- 하나님은 당신을 통해 그 사람을 어떻게 축복하셨는가?
- 하나님이 이 세상의 라반들까지도 축복하시는 것을 보면 어떤 느낌이 드는가? 왜 그렇게 느끼는가?

6. 창세기 30장 31-43절을 보라.

- 라반은 야곱을 어떻게 또다시 속였는가?
- 야곱은 그에 대해 어떻게 반응했으며 어떤 결과를 낳았는가?
- 라반에게 또 속았음에도 불구하고 야곱은 어떻게 하나님을 신뢰했는가?
- 누군가(아마도 당신의 라반)에게 속거나 상처받은 뒤, 그 사람에게 한 번 더 기회를 주었지만 그에게 또다시 속거나 상처받은 적이 있는가? 그 경험을 이야기해보라.
- 그 경험은 그 사람과의 관계에 어떤 영향을 미쳤는가?

7. 히브리서 12장 8-10절을 보라.

> 여러분이 겪는 이 고난은 벌이 아니라, 자녀라면 당연히 겪게 마련인 '훈련'입니다. 무책임한 부모만이 자녀를 제멋대로 살게 내버려둡니다. 하나님이 무책임한 분이시면 좋겠습니까? 우리가 부모를 존경하는 것은, 그들이 우리를 버릇없게 놔두지 않고 훈련하기 때문입니다. 그러니 우리가 참으로 '살고자' 한다면 하나님의 훈련을 받아들여야 하지 않겠습니까? 우리가 아이였을 때, 우리의 부모는 자기 생각에 최선으로 '여기는' 일을 우리에게 했습니다. 하나님께서는 '진정으로' 우리에게 최선이 되는 일을 하고 계시며, 우리를 훈련시켜 하나님의 거룩하심을 따라 최선을 다해 살아가도록 하십니다(메시지).

- 당신의 라반은 당신이 하나님의 일을 하고 그분의 사랑을 더 잘 드러내게 하기 위해 당신을 어떻게 훈련시키고 있는가?
- 5장에서 우리는 라반이 야곱을 속인 것과 야곱이 이삭과 에서를

속인 것이 어떻게 비슷한지 이야기했다. 때로 우리 삶의 라반이 눈엣가시인 이유는 그들에게서 우리가 좋아하지 않는 자신의 모습을 보기 때문이다. 당신의 라반도 그런 경우인가? 그가 당신이 자신에게서 원치 않는 성격을 갖고 있는가? 만약 그렇다면, 그것은 무엇인가?

8. 창세기 31장 38-42절을 보라.

- 야곱은 라반을 위해 일하는 동안 거둔 성공을 누구의 공으로 돌렸는가?
- 이는 야곱에게 일어난 또 다른 변화를 어떻게 보여주는가?

9. 맥스 루케이도는 우리의 라반을 어떻게 다룰지에 대해 두 가지를 조언한다. 빈칸을 채우십시오.

> "하나님께 당신의 라반에 대해 _____ … 하나님께 당신의 라반에 대해 _____"(131쪽).

- 당신의 라반에 대하여 하나님께 말해본 적이 있는가? 그 이유는 무엇인가?
- 당신의 라반에 대하여 하나님께 감사해본 적이 있는가? 그 이유는 무엇인가?
- 시간을 내어 하나님께 당신의 라반에 대해 이야기하라. 처음엔 진심이 아니라 하더라도 당신의 라반에 대하여 하나님께 감사하라. 그 관계에 감사를 불어넣는 실험을 통해 이 관계뿐만 아니라 당신 자신이 어떻게 변화되는지 살펴보라.

자신과 대면하기

1. 이 이야기 속의 야곱이 어떻게 느껴지는가? 야곱이 마음에 드는 가, 마음에 들지 않는가? 그에게서 희망을 보는가, 아니면 그가 측은하다고 생각하는가? 왜 그런가?

2. 야곱이 고향으로 돌아가 에서와 재회하는 것을 어떻게 느꼈다 고 생각하는가?

   • 이 여정에 대해 하나님은 야곱에게 어떤 확신을 주셨는가?(창 31:3)
   • 곤란한 대화나 대립에 직면했을 때 하나님이 주시는 확신을 깨 달은 적이 있는가?
   • 당신은 무엇을 통해 이런 확신을 얻는가? 기도를 통해? 특정 성 경 구절을 통해? 다른 상황에서 경험했던 하나님의 신실하심을 기억하는 것을 통해?

3. 야곱은 하나님이 주신 확신에 어떻게 반응했는가?

   • 에서를 다시 만난 야곱이 느꼈던 기분에 대해 무엇을 알 수 있 는가?
   • 야곱이 에서에게 한 일을 진심으로 후회한다고 생각하는가, 아 니면 에서가 화내는 것을 두려워했을 뿐이라고 생각하는가? 당 신의 답을 설명해보라.

4. 창세기 32장 9-12절에 나오는 야곱의 기도를 보라.

- 야곱은 하나님을 어떻게 찬양하는가?
- 그가 간구한 것은 무엇인가?
- 야곱에게 일어난 변화에 대해 무엇을 알 수 있는가?
- 에서를 만난 야곱의 느낌에 대해 무엇을 알 수 있는가?

5. 창세기 32장 22-30절을 보라.

- 얍복 강가에서 낯선 사람 혹은 하나님과 씨름하는 야곱 이야기를 읽고 어떤 생각이나 느낌이 들었는가?
- 하나님이 야곱의 허벅지 관절을 치셨을 때 증명하신 핵심은 무엇인가?
- 그렇게 하기 위해 하나님이 씨름이 끝날 때까지 기다리신 이유는 무엇이라고 생각하는가?

6. 당신 자신과 대면했던 시간을 생각해보십시오.

- 어떤 일을 계기로 자신을 대면하게 되었는가?
- 그 순간에 이르기까지 하나님과 어떻게 씨름했는가?
- 지금껏 피해 왔지만, 당신 내면에 오늘 당신이 마주해야 할 것이 있는가? 있다면 무엇인가?
- 그런 용기를 가지려면 하나님에 대해 어떤 믿음을 가져야 하는가?

7. 26절에서 야곱은 하나님께 무엇을 간구했는가?

- 야곱의 간구와 그에 대한 하나님의 반응을 어떻게 생각하는가?
- 요한복음 14장 13-14절을 보라. 이 말씀에 비추어 야곱의 간구를 생각해보고 그것이 당신에게 주는 의미를 생각해보라.

8. 27절에서 하나님은 야곱에게 무엇을 요구하셨는가?

- 이 낯선 사람이 정말 하나님이었다면 야곱의 이름을 알았을 것이다. 그런데도 왜 그의 이름을 물어보셨는가?
- 이스라엘이라는 이름은 무슨 뜻인가?
- (이제 이스라엘이라 불리는) 새로운 야곱은 과거의 야곱과 어떻게 달랐는가?

9. 주인공답지 않은 우리의 주인공 야곱은 뜻밖의 장소에서 뜻밖의 방법으로 또다시 하나님의 은혜를 체험했다. 당신이 이미 대면한 악마와 아직 대면하지 못한 악마를 하나님이 어떻게 생각하시는지에 대해 무엇을 알 수 있는가?

09 과거

1. 빈칸을 채우십시오.

> "야곱은 미래로 나아가기 위해 _____와 대면해야 했다"(156쪽).

- 야곱이 과거와 대면했을 때 어떤 일이 일어났는가?
- 그렇게 해서 미래가 바뀌었는가? 어떻게 바뀌었는가?

2. 창세기 33장 1-3절을 보라.

- 이 내용은 야곱이 에서와의 과거를 어떻게 느꼈다는 뜻인가?
- 야곱이 그의 가족과 종들을 선물한 방법에 대해 어떤 추측을 해 볼 수 있는가?

3. 창세기 33장 4-11절을 보라.

- 에서는 야곱을 보고 어떻게 반응했는가?
- 에서는 야곱이 보낸 선물에 어떻게 반응했는가?
- 에서가 야곱을 받아들일 수 있었던 이유는 무엇일까?

4. 맥스 루케이도는 애굽 사람을 죽인 모세, 사라에 대해 거짓말을 한 아브라함, 겁쟁이 엘리야, 신앙을 공표하지 않은 에스더, 배신자 베드로, 그리스도인들을 박해한 바울 등 과거에 흠이 있

237

던 여러 성경 인물을 나열한다. 이 중에서 어떤 사람의 이야기가 가장 큰 울림을 주며 그 이유는 무엇인가?

- 성경에서 하나님은 그 사람을 어떻게 사용하셨는가?
- 이 사람의 과거 실수가 그의 발목을 잡았다면, 일어나지 않았을 일은 무엇인가? 구원받지 못했을 사람은 누구인가? 어떤 메시지가 성경에서 사라졌겠는가?

5. 당신의 과거에도 당신이 '흠'이라고 생각하는 것이 있는가?

- 어떤 경험이나 실수가 흠이라고 느껴지는지 이야기해보자.
- 당신의 과거에서 흠처럼 느껴지는 것을 지우려면 야곱의 이야기를 어떻게 적용할 수 있을까?

6. 야곱이 에서와 화해했을 때 하나님은 야곱에게 하신 약속을 어떻게 지키셨는가?(창 28:15)

- 이 만남의 어떤 점이 놀라운가?
- 하나님이 약속을 지키신다는 사실은 은혜에 대해 무엇을 알려주는가?
- 야곱에게 하셨던 것처럼 하나님이 당신과 함께하신다고 믿는다면, 과거를 기억하는 방식에 어떤 변화가 있겠는가?

7. 로마서 8장 1-2절은 이렇게 말씀한다.

> "그러므로 이제 그리스도 예수 안에 있는 자에게는 결코 정죄함이 없나니 이는 그리스도 예수 안에 있는 생명의 성령의 법이 죄와 사망의 법에서 너를 해방하였음이라."

- 과거의 일에 대한 마음의 짐이 있는가?
- 이 말씀이 당신에게 적용된다고 생각하는가?

8. 요한일서 1장 9절을 보라.

> "우리가 우리 죄를 고백하면 신실하시고 의로우신 하나님은 우리 죄를 용서하시고 모든 죄악에서 우리를 깨끗하게 하실 것입니다"(현대인의 성경).

- 고백과 하나님의 은혜가 연관되어 있는 이유는 무엇인가?
- 당신은 어떤 방법으로 고백할 수 있는가?

9. 마태복음 11장 28-30절은 우리에게 말씀한다.

> "수고하고 무거운 짐 진 자들아 다 내게로 오라 내가 너희를 쉬게 하리라 나는 마음이 온유하고 겸손하니 나의 멍에를 메고 내게 배우라 그리하면 너희 마음이 쉼을 얻으리니 이는 내 멍에는 쉽고 내 짐은 가벼움이라 하시니라."

- 얼마나 위로가 되는 말씀인가! "무거운 짐 진" 느낌이 든 적이 있는가?
- 이 말씀에 나오는 위로를 경험한 적이 있다면 이야기해보자.

세겜의 그늘에서

1. 맥스 루케이도는 "성경은 인간 본성의 추악한 이면에 대해 솔직하게 이야기한다"라고 말한다(167쪽).

   * 10장에 나오는 것과 같은 이야기들이 성경에 들어 있는 이유는 무엇이라 생각하는가?
   * 다른 성경 이야기들은 인간 본성에 대해 어떤 진실을 드러내는가?
   * 당신은 살면서 인간 본성의 추악한 이면을 어떻게 경험하였는가?

2. 창세기 31장 13절과 33장 12-20절을 보라.

   * 야곱은 어디로 가라는 명령을 받았는가?
   * 대신에 야곱은 어디로 갔는가?
   * 세겜은 어떤 곳이었는가?(168쪽)
   * 야곱이 에서를 좇아 고향으로 가지 않고 그곳에 정착한 이유는 무엇인가?

3. 창세기 34장 1-12절을 보라.

   * 디나가 세겜에게 강간당한 것을 안 야곱은 어떻게 하였는가?
   * 디나의 오빠들은 어떻게 하였는가?
   * 하몰의 반응은 어떠했는가?
   * 이들 각자의 반응은 당시 사람들이 성폭행과 성적 학대를 어떻

게 여겼음을 보여주는가?

4. 창세기 34장 18-23절을 보라.

- 하몰과 세겜과 그의 종족이 할례를 받기로 동의한 이유는 무엇인가?
- 이들의 우선순위에 대해 알 수 있는 것은 무엇인가?

5. "독이 든 시스템"이란 무엇인가?(175쪽)

- 직장이나 공동체, 가족 혹은 교회에서 독이 든 시스템을 경험해 본 적이 있는가? 그런 입장이었을 때 당신과 당신의 행동, 그리고 하나님과의 관계는 어떤 영향을 받았는가?
- 독이 든 시스템 안에 머무는 것은 벧엘(하나님이 당신을 보내고 싶어 하셨던 곳)로 가는 길을 어떻게 방해하는가?

6. 창세기 34장 25-31절을 보라.

- 야곱의 아들들은 세겜의 독이 든 시스템에 어떻게 동참하게 되었는가?
- 여동생이 끔찍한 일을 당했다. 그들의 대응이 정당했다고 생각하는가? 그렇게 생각하는 이유, 혹은 생각하지 않는 이유는 무엇인가?
- 이 부분에서 야곱의 역할은 무엇이었는가?
- 야곱의 역할이 아들들의 행동에 영향을 주었다고 생각하는가?

7. 빈칸을 채우라.

> "분명히 말하지만, 기독교적 관점에서 인류는 _____ 이
> 며, _____ 의 운명을 타고났다. 우리는 하나님의 형상대로 창
> 조되었다. 하나님과 교제하는 존재이며 영원한 안식으로 초대
> 받았다. 하지만 우리는 _____ 이 되려고 애쓰느라 우리의 유
> 산을 낭비했다"(176쪽)

- 어떻게 우리의 모든 죄는 한 가지 욕망, 곧 하나님이 되고 싶다
  는 욕망으로 거슬러 올라가는가?
- 당신이 하나님이 되고 싶었던 때는 언제였는가?
- 그 결과는 어땠는가?

8. 다음 성경 말씀을 보라.

> "그리스도께서도 단번에 죄를 위하여 죽으사 의인으로서 불의
> 한 자를 대신하셨으니 이는 우리를 하나님 앞으로 인도하려 하
> 심이라"(벧전 3:18).

> "우리가 아직 죄인 되었을 때에 그리스도께서 우리를 위하여 죽
> 으심으로 하나님께서 우리에 대한 자기의 사랑을 확증하셨느니
> 라. 그러면 이제 우리가 그의 피로 말미암아 의롭다 하심을 받
> 았으니 더욱 그로 말미암아 진노하심에서 구원을 받을 것이니
> 곧 우리가 원수 되었을 때에 그의 아들의 죽으심으로 말미암아
> 하나님과 화목하게 되었은즉 화목하게 된 자로서는 더욱 그의
> 살아나심으로 말미암아 구원을 받을 것이니라"(롬 5:8-10).

- 예수님은 인간 본성의 추악한 이면을 어떻게 하셨는가?
- 이것은 오늘 우리에게 어떤 의미를 주는가?

9. 오늘 당신이 벗어나고 싶은 세겜은 무엇인가? 다시 말해, 당신을 유혹하고, 당신이 실수하거나 죄를 짓게 만드는 사람이나 문제, 상황은 무엇인가?

- 어떻게 하면 오늘 그곳에서 한 걸음 멀어질 수 있는가?
- 당신에게 용기를 주고 가야 할 길을 보여달라고 할 때 어떻게 그 과정에 그리스도를 초대할 수 있겠는가?

11

은혜가 집으로 인도한다

1. 잠시 집을 떠나 어린 시절에 살던 집이나 다른 집에 돌아갔던 적이 있는가?

   - 자동차나 버스나 비행기를 타고 집으로 돌아가며 어떤 기분이 들었는가?
   - 한때 집이었던 곳으로 돌아가는 것이 때로는 어려운 이유는 무엇인가?

2. 창세기 35장 1절에서 하나님은 야곱에게 벧엘로 돌아가라고 명령하신다. 야곱은 마침내 고향으로 향한다. 다른 종이를 한 장마련하여, 야곱의 삶을 이번 귀향으로 이끈 중대한 사건들을 적어보라.

   - 이 사건들은 야곱에게 어떤 영향을 주었고 어떻게 야곱을 변화시켰는가?
   - 집에서 도망쳤을 때와 비교한다면 지금의 야곱은 어떤 사람인가?
   - 하나님은 이전에도 야곱에게 이 명령을 주신 적이 있었는데 야곱은 세겜으로 갔다. 하나님이 왜 야곱에게 한 번 더 기회를 주셨다고 생각하는가?

3. 창세기 35장 2-5절을 보라

- 야곱은 가족들에게 어떻게 하라고 했는가?
- 야곱은 이방 신들을 어떻게 하였는가?
- 이는 야곱에게 무엇을 상징하는가?

4. 과거를 잊는 것이 언제나 부정적인 것만은 아니다. 때때로 우리
   는 삶에서 다음 단계로 넘어가고 있다는 사실, 앞으로 나아가
   고 있다는 사실을 눈에 띄게 나타낼 필요가 있다. 세겜에서 야
   곱이 그랬듯이, 당신의 과거를 묻은 적이 있는가?

- 당신은 어떻게 이 사건을 어떻게 표시했는가?
- 아니면, 당신이 지워야 할 과거의 사건이 있는지도 모른다. 만약
  그렇다면, 그 기억이나 사람 또는 장소로부터 떠났다는 것을 물
  리적으로 나타내기 위해 무엇을, 어떻게 할 수 있는가?

5. 창세기 35장 9-13절을 보라

- 하나님은 야곱을 어떻게 축복하셨는가?
- 야곱은 변덕스러웠다. 그는 신실함과 이기심 사이에서 동요했다.
  야곱이 그렇게 오락가락하는 와중에도 하나님은 어떻게 한결같
  음을 유지하셨으며, 그 사실이 이 말씀으로 어떻게 증명되는가?

6. 당신의 삶이나 인간관계, 신앙에서 변덕스러웠던 때는 언제였
   는가?

- 당신이 이사하거나 나이가 들거나 변했는데도 당신 삶에 변함 없이 남아 있는 사람은 누구인가?
- 그 사람은 당신에게 어떤 의미인가?
- 당신은 이러한 하나님의 한결같음을 경험해보았는가?
- 하나님이 야곱과 함께하셨던 것처럼, 당신의 믿음이 흔들리거나 죄에 사로잡혀 있었을 때도 그분은 당신 가까이에 계셨고, 당신에게 은혜와 축복을 주실 준비가 되어 계셨음을 깨달은 기분이 어떠한가?

7. 하나님의 은혜라는 개념을 이해하는 것과 그것을 당신 스스로 받아들이는 것은 별개의 문제다. 무엇이 하나님의 은혜를 받아들이는 것을 주저하게 만들며, 그 이유는 무엇인가?

- 이 은혜를 온전히 받아들이려면 하나님에 대하여 무엇을 믿어야 하는가?
- 당신 자신에 대해서는 무엇을 믿어야 하는가?

12

이 은혜를 아는가?

1. 야곱 이야기를 어떻게 한 문장으로 요약할 수 있겠는가?

   • 당신은 이 책과 창세기에 기록된 야곱 이야기를 읽고 그의 어떤
     점이 놀라웠는가?
   • 하나님의 어떤 점이 놀라웠는가?

2. 맥스 루케이도는 주머니에 돌멩이를 집어넣은 손자 맥스의 이
   야기를 들려준다. 손자는 돌멩이를 너무 많이 집어넣은 탓에 일
   어서지 못했다. 당신은 이 이야기에 어떻게 공감하는가?

   • 오늘 당신을 주저앉게 만드는 돌멩이들은 무엇인가? 과거의 죄
     인가, 후회인가, 불안인가?
   • 당신은 그 돌멩이들을 얼마나 오랫동안 갖고 있었는가?

3. 고린도후서 4장 7절을 보라.

   > "우리가 이 보배를 질그릇에 가졌으니 이는 심히 큰 능력은 하
   > 나님께 있고 우리에게 있지 아니함을 알게 하려 함이라."

   • 우리의 보물은 무엇인가?
   • 당신의 질그릇은 어떤 모양인가? 세월이 흐르며 그 질그릇은 얼

마나 금이 가고 부서졌는가?

- 야곱의 질그릇은 어떤 모양이었는가? 그는 어떻게 깨졌는가?

4. 맥스 루케이도는 킨츠기라 불리는 고대 일본 예술에 대하여 설명한다. 킨츠기란 무엇이며, 하나님의 은혜를 어떻게 보여주는가?(204쪽)

- 하나님은 야곱의 깨진 질그릇을 어떻게 고치셨는가?
- 하나님이 당신 삶에서 깨진 것을 고치셔서 아름다운 것으로 탈바꿈해주신 적이 있는가?
- 당신 삶에서 여전히 고침을 받아야 할 깨진 조각은 무엇인가?

5. 빈칸을 채우라.

> "당신이 지은 _____가 모여 당신이 된 것이 아니다. 예수님의 _____, _____, _____이 모여 당신이 이루어졌다"(204쪽).

- 당신의 돌멩이들을 예수님께 넘겨드릴 수 있는가?
- 그리스도의 죽음, 무덤, 부활의 진리가 오늘 깨지고 상한 당신을 어떻게 고칠 수 있는가?

6. 창세기 35장 27-29절을 보라. 이 말씀은 야곱과 이삭, 야곱과 에서의 관계를 어떻게 이야기하는가?

7. 히브리서 11장 21절을 보라.

"믿음으로 야곱은 죽을 때에 요셉의 각 아들에게 축복하고 그 지팡이 머리에 의지하여 경배하였으며."

- 이 말씀을 창세기 35장 27-29절과 연관 지어 생각해보면 야곱 이야기는 어떤 결말을 맺었는가?
- 야곱은 어떤 결말을 맞아야 했는가?
- 야곱이 실제로 맞이한 결말에 대해 어떻게 생각하는가?
- 이를 통해 당신의 미래와 당신이 맞이할 결말에 대해 어떤 생각을 갖게 되는가?

8. 이 책의 제목은 《끝까지 나를 포기하지 않으시는 하나님》이다. 야곱의 인생을 살펴보고 나서, 당신이 과거에 무슨 일을 했든 혹은 미래에 무슨 일을 하든 간에 하나님이 당신을 절대 포기하지 않으실 것을 어떻게 확신할 수 있는가?

미주

1장 비뚤어진 후광 클럽

1) Andrew E. Steinmann, *Genesis: An Introduction and Commentary*, Vol. 1, Tyndale Old Testament Commentaries (Downers Grove, IL: InterVarsity, 2019), 252; Gene A. Getz, *Jacob: Following God Without Looking Back* (Nashville, TN:Broadman & Holman, 1996), 8. "이 말은 '넘어뜨리다, 사기 치다'라는 뜻을 갖게 되었다."

2) Craig Olson, "How Old Was Father Abraham? Reexamining the Patriarchal Lifespans in Light of Archaeology," https://www. academia. edu/33972456/How_Old_was_Father_Abraham_Re_ examining_the_Patriarchal_Lifespans_in_Light_of_Archaeology, 13; Steinmann, *Genesis*, 252, 266.

3) Dennis Prager, *Genesis: God, Creation, and Destruction* (Washington D.C.: Regnery Faith, 2019), 241.

4) R. Kent Hughes, *Genesis: Beginning and Blessing* (Wheaton, IL: Crossway, 2004), 333; James Strong, *The New Strong's Expanded Exhaustive Concordance of the Bible* (Nashville, TN: Thomas Nelson, 2010), H7533—'라차츠'(râtsats), '부수다, 박살 내다, 부딪치다'라는 뜻이다.

5) 유대 민족의 시초는 창세기 12장 1-3절에 기록되어 있다. 아브람(나중에 아브라함)은 메소보다미아를 떠나 나중에 이스라엘이 될 땅으로 가라는 하나님의 부르심을 들었다. 하나님은 아브람에게서 큰 민족을 이루고, 땅을 주시며, 그를 통해 땅의 모든 민족을 복 주겠다고 약속하셨다(창 18:17-18을 보라). 의사, 법조인, 외교관, 과학자 등 우리 삶의 질을 높여준 유대인들을 통해 이 세 번째 축복이 부분적으로 실현되었다. 그러나 신약성경에서 아브라함의 축복은 예수 그리스도로 완성된다. 베드로는 예수님에 대한 설교에서 이렇게 선포했다. "여러분은 이 예언자들의 후손이며, 또 하나님께서 여러분의 조상과 맺으신 그 언약의 후손입니다. 하나님께서 아브라함에게 주신 언약의 말씀이 무엇입니까? '이 땅의 모든 민족이 네 후손으로 말미암아 복을 받을 것이다.' 그러나 여러분이 맨 먼저입니다. 하나님께서는 여러분 한

사람 한 사람이 그 악한 길에서 돌이키면 여러분에게 복을 주시려고, 그 아들을 일으켜 세우시고 여러분에게 보내신 것입니다"(행 3:25-26, 메시지).

6) 창 50:24; 출 3:15; 행 7:32을 보라.

2장 얼간이 신세가 된 왕자

1) Eli Lizorkin-Eyzenberg, *The Hidden Story of Jacob: What We Can See in Hebrew That We Cannot See in English* (independently published, 2020), 11.

2) 이삭이 야곱을 축복했을 때 나이가 135세쯤 되었다(창 27장). 다른 성경 구절들을 살펴보면 그렇게 추측해 볼 수 있다. 야곱은 130세에 애굽 땅에 들어갔다(창 47:9). 성경은 야곱의 아들 요셉이 그 당시 39세였다고 말한다. 창세기 41장 46절을 보면 야곱은 30세에 애굽 왕 바로를 섬기기 시작했다. 그리고 나서 7년의 풍년과 2년의 흉년이 있은 뒤에 야곱이 애굽으로 왔다(창 45:4-11). 또한 야곱이 14년간 두 아내를 위해 일하고 나서 요셉을 얻은 것을 알 수 있다(창 29:20-28; 30:22-24). 따라서 130-44-14=72. 임신에 필요한 시간을 두어 해 정도 감안한다면, 야곱이 축복을 받고 집을 떠난 나이가 70세쯤 되었을 것이다. 이삭이 60세에 야곱이 태어났다(창 25:26). 그러면 그가 야곱을 축복했을 때 나이는 (얼추) 135세가 된다. Adapted from https://homework.study.com/explanation/how-old-was-isaac-when-he-blessed-jacob-in-the-bible.html.

3) "이삭은 야곱을 축복하면서 야웨를 언급하는데(27-28절을 보라), 하나님을 두고 한 말은 어떤 말도 취소할 수 없었다." Steinmann, *Genesis*, 270.

4) Steve Helling, "Lori Loughlin Speaks Out After Receiving 2-Month Prison Sentence: 'I Made an Awful Decision.'" People, August 21, 2020, people.com/crime/lori-loughlin-speaks-after-receiving-2-months-prison-sentence-i-made-an-awful-decision.

3장 하늘에 닿은 사다리

1) John H. Walton, *Genesis: The NIV Application Commentary* (Grand Rapids: Zondervan, 2001), 570.

2) Donald Grey Barnhouse, *Genesis: A Devotional Exposition* (Grand Rapids: Zondervan, 1971), 2:83.

3) R. Kent Hughes, *Genesis: Beginning and Blessing* (Wheaton, IL: Crossway, 2004), 359.

4) "너는 내가 내 아버지께 구하여 지금 열두 군단(8만) 더 되는 천사를 보내시게 할 수 없는 줄로 아느냐?"(마 26:53)

5) Adapted from Jack Graham, *Angels: Who They Are, What They Do, and Why It Matters* (Minneapolis, MN: Bethany House, 2016), 111-112.

6) Hughes, *Genesis*, 361.

4장 대가성 은혜는 없다

1) A. W. Tozer, *The Knowledge of the Holy* (New York: HarperCollins, 1961), 8. 《하나님을 바로 알자》(생명의말씀사 역간).

2) *Vine's Complete Expository Dictionary of Old and New Testament Words* (Nashville, TN: Thomas Nelson, 1985), 307.

3) Karl Barth, *Church Dogmatics*, vol. 2, part 2; 2 ed., trans. G. W. Bromiley, eds. G. W. Bromiley and T. F. Torrance (Edinburgh: T & T Clark, 1957), 685. 《교회 교의학》.

4) Paul David Tripp, *Awe: Why It Matters for Everything We Think, Say, and Do* (Wheaton, IL: Crossway, 2015), 73. 《경외》(생명의말씀사 역간).

5장 사기당한 사기꾼

1) 시 37:15; 합 2:8; 시 7:15-16; 잠 26:27; 전 10:8; 시 9:15; 시 57:6; 잠 28:10; 벧후 2:13; 시 35:8; 시 141:10; 왕상 8:32; 대하 6:23; 느 4:4; 렘 50:15,29; 시 140:9; 시 79:12; 시 137:8을 보라.

2) Lord Byron, "She Walks in Beauty," Poetry Foundation, https://www.poetryfoundation.org/poems/43844/she-walks-in-beauty.

3) "친척들 사이에서 입맞춤은 관습적인 인사법이다." Bruce K. Waltke with Cathi J. Fredricks, *Genesis: A Commentary* (Grand Rapids:

Zondervan, 2001), 401.

4) Nahum M. Sarna, *JPS Torah Commentary: Genesis* (Philadelphia: The Jewish Publication Society, 1989), 202. R. Kent Hughes, *Genesis: Beginning and Blessing* (Wheaton, IL: Crossway, 2004), 367에 인용됨.

5) John H. Walton, *Genesis: The NIV Application Commentary* (Grand Rapids: Zondervan, 2001), 586.

6) Waltke, *Genesis*, 405.

7) Walton, *Genesis*, 586.

8) Waltke, *Genesis*, 405.

9) Waltke, *Genesis*, 406.

10) Natasha Geiling, "Step Inside the World's Most Dangerous Garden (If You Dare)," *Smithsonian Magazine*, September 22, 2014, https://www.smithsonianmag.com/travel/step-inside-worlds-most-dangerous-garden-if-you-dare-180952635/.

6장 엉망진창 집안 세력 다툼

1) Encyclopedia.com, s.v. "Mandrake," https://www.encyclopedia.com/plants-and-animals/plants/plants/mandrake.

7장 내 인생의 눈엣가시

1) 이것은 성경적 원리다. 하나님은 요셉 덕분에 바로가 번영하게 하셨고 애굽에 복을 내리셨다(창 39-41장). 느부갓네살왕은 다니엘로 인해 믿음을 갖게 되었다(단 4:34-37).

2) Andrew E. Steinmann, *Genesis: An Introduction and Commentary*, vol. 1, Tyndale Old Testament Commentaries (Downer's Grove, IL: IVP, 2019), 289.

8장 자신과 대면하기

1) John R. Coats, *Original Sinners: A New Interpretation of Genesis*

(New York: Free Press, 2009), 160.

2) Walter Brueggemann, *Genesis,* Interpretation, A Bible Commentary for Teaching and Preaching (Louisville, KY: Westminster John Knox Press, 1982), 270. 《창세기-현대성서주석》(한국장로교출판사 역간).

3) '이스라엘'은 '씨름하다'(sarah)와 '하나님'(el)을 뜻하는 두 히브리어 단어의 합성어다. 이 단어는 성경에 2,431회 등장하고 그 의미에 대한 논의가 끊이지 않았다. 어떤 이들은 야곱이 하나님과 싸웠기 때문에 이 이름을 받았다고 가정한다. 하지만 하나님의 이름 '엘'(El)이나 '야'(Jah)가 사용될 때는 언제나 하나님이 행위자시다. '다니엘'(Daniel)은 '하나님이 심판하신다'라는 뜻이고 '가브리엘'(Gabriel)은 '하나님은 나의 힘'이라는 뜻이다. 하나님의 이름은 그분의 행위를 설명한다. *Baker Theological Dictionary of the Bible,* Grand Rapids: Baker Books, 2000, p. 379와 Arthur W. Pink, *Gleanings in Genesis* (Chicago: Moody, 1950), 292를 보라. 《창세기 강해》(CH북스 역간). "웬만큼 아는 사람들은 이 이름의 본래 의미를 '하나님이 지배하신다' 또는 '하나님이 승리하신다' 정도로 추측하지만 그 의미에 대해서는 몇 가지 의문점이 있다." Robert Alter, *Genesis: Translation and Commentary* (New York: W. W. Norton, 1996), 182.

9장 과거

1) "Fred Snodgrass, 86, Dead Ball Player Muffed 1912 Fly," *New York Times,* April 6, 1974, https://www.nytimes.com/1974/04/06/archives/fred-snodgrass-86-dead-ball-player-muffed-1912-fly.html.

2) William Barclay, *The Acts of the Apostles,* rev. ed. (Philadelphia: Westminster, 1976), 64.

3) Steinmann, *Genesis,* 318.

4) Paul Hegstrom, *Angry Men and the Women Who Love Them: Breaking the Cycle of Physical and Emotional Abuse* (Kansas City: Beacon Hill, 1999). John H. Walton, *Genesis: The NIV Application Commentary,* 566-567에 인용됨.

10장 세겜의 그늘에서

1) R. Kent Hughes, *Genesis: Beginning and Blessing* (Wheaton, IL: Crossway, 2004), 420.

2) John H. Walton, *Genesis: The NIV Application Commentary* (Grand Rapids, MI: Zondervan, 2001), 630.

3) Bruce K. Waltke with Cathi J. Fredricks, *Genesis: A Commentary* (Grand Rapids: Zondervan, 2001), 459.

4) Steinmann, Genesis, 325.

5) "Violence against Women," World Health Organization, March 9, 2021, https://www.who.int/news-room/fact-sheets/detail/violence-against-women.

6) Os Guinness, *Unspeakable: Facing Up to Evil in an Age of Genocide and Terror* (San Francisco: HarperCollins, 2005), 4-5. 《오스 기니스, 고통 앞에 서다》(생명의말씀사 역간).

11장 은혜가 집으로 인도한다

1) Francis Thompson, "The Hound of Heaven," *Complete Poetical Works of Francis Thompson* (New York: Oxford University Press, 1969), 89-94.

12장 이 은혜를 아는가?

1) PEANUTS©Peanuts Worldwide LLC. By ANDREWS MCMEEL SYNDICATION. Reprinted with permission. All rights reserved.

2) Kelly Richman-Abdou, "Kintsugi: The Centuries-Old Art of Repairing Broken Pottery with Gold," *My Modern Met,* March 5, 2022, mymodernmet.com/kintsugi-kintsukuroi.

끝까지 나를 포기하지 않으시는 하나님

초판 1쇄 발행   2023년 9월 25일
초판 5쇄 발행   2025년 4월 22일

지은이   맥스 루케이도
옮긴이   이지혜

펴낸이   여진구
책임편집   이영주 박소영
편집   최현수 구주은 안수경 김도연 김아진 정아혜
책임디자인   마영애 | 노지현 조은혜 정은혜
홍보 · 외서   진효지
마케팅   김상순 강성민   마케팅지원   최영배 정나영
제작   조영석 허병용   경영지원   김혜경 김경희

303비전성경암송학교 유니게 과정
이슬비전도학교 / 303비전성경암송학교 / 303비전꿈나무장학회

펴낸곳   규장

주소 06770 서울시 서초구 매헌로 16길 20(양재2동) 규장선교센터
전화 02)578-0003   팩스 02)578-7332
이메일 kyujang0691@gmail.com
페이스북 facebook.com/kyujangbook   홈페이지 www.kyujang.com
카카오스토리 story.kakao.com/kyujangbook   인스타그램 instagram.com/kyujang_com
등록번호 1922-2461
since 1978.08.14

ⓒ 한국어 판권은 규장에 있습니다.
이 출판물은 저작권법에 의해 보호를 받는 저작물이므로 무단 전재와 무단 복제를 할 수 없습니다.

책값 뒤표지에 있습니다.
ISBN 979-11-6504-465-7   03230

규 | 장 | 수 | 칙

1. 기도로 기획하고 기도로 제작한다.
2. 오직 그리스도의 성품을 사모하는 독자가 원하고 필요로 하는 책만을 출판한다.
3. 한 활자 한 문장에 온 정성을 쏟는다.
4. 성실과 정확을 생명으로 삼고 일한다.
5. 긍정적이며 적극적인 신앙과 신행일치에의 안내자의 사명을 다한다.
6. 충고와 조언을 항상 감사로 경청한다.
7. 지상목표는 문서선교에 있다.

하나님을 사랑하는 자 곧 그의 뜻대로 부르심을 입은 자들에게는 모든 것이 合力하여 善을 이루느니라(롬 8:28)

Member of the
Evangelical Christian
Publishers Association
규장은 문서를 통해 복음전파와 신앙교육에 주력하는 국제적 출판사들의
협의체인 복음주의출판협회(E.C.P.A:Evangelical Christian Publishers
Association)의 출판정신에 동참하는 회원(Associate Member)입니다.